AF338681

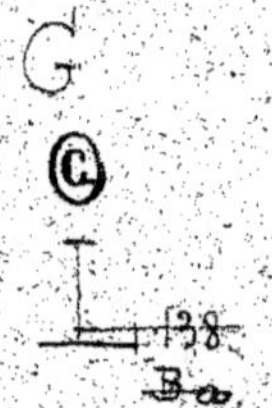

ETRENNES EN ECRANS,

Pour rafraîchir la memoire des Lectures qu'on a faites en toutes sortes de Matieres.

Etat de ce qui est contenu dans les seize ECRANS donnez jusqu'à ce jour au Public.

I. Evenemens remarquables, extraits de l'Histoire de France.

II. Histoire de France. Premiere, & Seconde Race, precedée de Vers Techniques, qui donnent une idée des Trois Races.

III. Histoire de France. Troisiéme Race, jusqu'à present.

IV. Principaux Offices de France.

V. Histoire de l'Ancien Testament, depuis la Creation du Monde jusqu'à la Dedicace du Temple.

VI. Histoire de l'Ancien Testament, depuis la Dedicace du Temple jusqu'à la Naissance de Jesus-Christ.

VII. Vers choisis des meilleurs Auteurs modernes.

VIII. Sentences, Bons Mots, &c.

Sept contiennent par ordre Alphabetique

Les Evenemens du Regne de LOUIS XIV. consistant principalement en plus de 400 Prises de Places, & 130 Combats, tant de Terre, que de Mer; par les Armées d'Allemagne, des Païs-Bas, d'Italie, d'Espagne, & autres.

Le dernier contient d'un côté,

L'Origine de la Maison du Roy STANISLAS, avec les Noms des Personnes les plus considerables de cette Famille.

Et de l'autre côté,

La Tige de la Princesse MARIE-SOPHIE-FELICITE' LESCZINSKA; D'où sont issus au même Degré les Ducs de BOURGOGNE, d'ORLEANS, & de BOURBON; Réünie par le Mariage de cette Princesse avec LOUIS XV.

A PARIS,

Chez RONDET, Libraire-Imprimeur, ruë Saint-Jacques, près la Fontaine Saint Severin, au Compas.

M. DCC. XXV.

AVEC APPROBATION, ET PRIVILEGE DU ROY.

L'an du Monde 3999. L'ANGE Gabriel apparut à Zacarie, & lui prédit que sa femme Elizabeth, quoiqu'âgée & stérile, auroit un fils, auquel on donneroit le nom de Jean, qui seroit le Précurseur du Messie.

Elizabeth étant dans le sixiéme mois de sa grossesse, le même Ange fut envoïé de Dieu vers Marie, épouse de Joseph charpentier à Nazaret, & lui annonça qu'elle étoit choisie pour être la Mere d'un Fils qui s'appelleroit JESUS, c'est-à-dire Sauveur; parce qu'il devoit délivrer les hommes du peché.

Marie alla aussi-tôt après avoir conceu, visiter Elizabeth, & demeura environ trois mois avec elle.

Lorsque Marie fut prête d'accoucher, il lui fallut aller à Bethléem, pour obéïr aux ordres d'Auguste. Etant là, & n'aïant point trouvé de place dans les hôtelleries, elle mit au monde, dans une étable, celui par qui le monde avoit été fait. Des bergers avertis par les Anges de la naissance du Christ, vinrent à la créche lui rendre leurs hommages. Huit jours après sa naissance l'enfant fut circoncis, & nommé JESUS. Des Mages conduits par une étoile vinrent à Bethléem, l'adorérent, & lui présentérent de l'or, de la myrrhe & de l'encens.

Quarante jours après sa naissance, il fut offert au Temple de Jérusalem, où il fut reconnu pour le Messie par Simeon & par Anne. Joseph fut averti par un Ange de mener Jesus en Egypte, pour éviter la fureur d'Herode qui avoit résolu sa perte. Herode fit tuer dans Bethléem & aux environs tous les enfans de l'âge de deux ans & au-dessous. Ce Prince étant mort, Joseph ramena Jesus à Nazaret.

Joseph & Marie alloient tous les ans à Jérusalem à la fête de Pâque. Jesus étant âgé de douze ans y alla avec eux. Ils en partirent sans lui, le croïant avec quelqu'un de leur connoissance; mais aïant fait une journée de chemin, & ne le voïant point, ils retournerent à Jérusalem, & ne le retrouverent qu'au bout de trois jours, disputant dans le Temple avec des Docteurs.

Jean qui demeura dans les deserts jusqu'au jour qu'il devoit paroître, aïant un vêtement de poil de chameau, & une ceinture de cuir, ne vivant que de sauterelles & de miel sauvage, commença à prêcher la pénitence & à batizer.

L'an 29 de l'Ere commune.] JESUS vint le trouver, & voulut qu'il le batizât. Le Ciel s'ouvrit alors, l'Esprit de Dieu descendit sur lui en forme de colombe, & l'on entendit une voix qui dit : *Vous êtes mon Fils bien-aimé ; c'est en vous que j'ai mis toute mon affection.* Aussi-tôt après, l'Esprit de Dieu conduisit Jesus dans un desert, où il demeura quarante jours sans manger ; après quoi il eut faim. Le Diable prit de là occasion de le tenter. Il le transporta sur le haut du Temple, & puis sur une haute montagne. Jesus surmonta ses attaques, en lui opposant la parole de Dieu. Le Demon l'aïant laissé pour un tems, les Anges vinrent le servir. Jean voïant venir Jesus à lui, déclara qu'il étoit l'Agneau de Dieu, qui ôtoit les pechez du monde. Il se fit des nôces à Cana en Galilée, où Jesus fut invité. Le vin aïant manqué, il changea l'eau en vin, à la priere de sa Mere.

Ie ANNE'E DE LA PREDICATION DE J. C.

JESUS alla à Jérusalem, & voïant le Temple profané par des marchands, il fit un foüet avec des cordes, & les chassa. Nicodeme Pharisien le vint trouver de nuit, pour recevoir ses instructions. Jesus entendant dire que Jean avoit été mis en prison par ordre d'Herode, se retira de dessus les terres de ce Prince, & alla en Galilée. En passant proche de Sicar, il convertit une femme de Samarie, à qui il déclara qu'il étoit le Christ. Etant à Cana en Galilée, il y guérit d'une maladie mortelle le fils d'un officier. Jesus aïant instruit le peuple, de la barque de Simon, lui dit de jetter ses filets pour pêcher. Simon les jetta sur sa parole, & il prit tant de poisson que deux barques pouvoient à peine le contenir. Simon effraïé, dit à Jesus : *Retirez-vous de moi, Seigneur, parce que je suis un pecheur.* Jesus dit à Pierre, André, Jacques & Jean de le suivre, & qu'ils seroient desormais pêcheurs d'hommes. Etant à Capharnaum, il délivra un possedé dans la Synagogue. Au sortir de la Synagogue il alla dans la maison de Pierre, & y guérit sa belle-mere malade de la fievre.

A PARIS, Chez RONDET, Libr. Imprim.

JESUS fit dans Capharnaum & dans la Galilée un grand nombre de miracles. Un jour en passant le lac de Tiberiade il s'endormit. Pendant son sommeil il s'éleva un vent furieux, qui obligea ses Disciples à l'éveiller, & il calma les flots d'une parole. Etant à terre il délivra un homme d'une legion de démons, auxquels il permit de s'emparer d'un troupeau d'environ deux mille pourceaux qui se précipitérent dans la mer. Etant revenu à Capharnaum, il se trouva dans une maison environné de beaucoup de monde : des gens qui vouloient lui présenter un paralytique, le descendirent par le toit : Jesus dit au malade que ses pechez lui étoient remis ; & pour faire voir qu'il avoit ce pouvoir, il guérit le malade & lui fit emporter son lit.

Passant à l'endroit où Matthieu publicain étoit assis au bureau des impôts, il lui dit de le suivre. Matthieu lui fit un grand festin, où se trouvérent des publicains & des gens de mauvaise vie. Les Pharisiens s'en scandalisant, Jesus leur dit qu'il n'étoit pas venu appeller les justes, mais les pecheurs. Allant chez Jaïre Chef de la Synagogue, dont la fille étoit malade ; & étant suivi d'une foule de peuple, une femme tourmentée d'un flux de sang depuis douze ans, toucha le bord de sa robe par derriere, & fut guérie. Il trouva la fille de Jaïre morte, & la ressuscita. Au sortir de là, deux aveugles se mirent à crier après lui : *Fils de David, aïez pitié de nous* ; & il leur rendit la vûë. On lui présenta un homme possedé qui étoit muet, il chassa le démon, & le muet parla.

IIe ANNE'E DE LA PREDICATION DE J. C.

ETANT allé à Jérusalem à la fête de Pâque, il vit un homme paralytique depuis trente-huit ans sur le bord de la piscine ; il lui demanda s'il vouloit être guéri : cet homme lui dit qu'il n'avoit personne pour le plonger dans la piscine, lorsque l'Ange avoit troublé l'eau. Jesus lui dit de se lever & d'emporter son lit. Etant un jour de Sabbat dans la Synagogue, il guérit un homme dont la main étoit desséchée, malgré le scandale qu'en prenoient les Pharisiens.

Il choisit douze de ses Disciples nommez Apôtres, qu'it destina à prêcher. Etant descendu de la montagne, où il avoit établi des maximes bien opposées à celles du monde, & déclaré ceux que l'on devoit estimer véritablement heureux, un lépreux lui dit : *Si vous voulez, vous pouvez me guérir.* Il lui dit : *Je le veux, soïez guéri.* Un Centenier l'envoïa prier de vouloir rendre la santé à son serviteur qui étoit malade, & lui fit dire qu'il n'étoit pas digne qu'il vînt dans sa maison, & qu'un seul mot suffisoit pour cela. Jesus loüa sa foi, & lui accorda sa demande. Etant proche de la ville de Naïm, il vit qu'on portoit en terre le fils unique d'une veuve. Il dit à cette veuve : *Ne pleurez point* ; & rendit la vie à son fils. Mangeant chez Simon Pharisien, une femme de mauvaise vie y vint, se mit derriere lui, baisa ses pieds, les arrosa de ses larmes, les essuïa avec ses cheveux, & répandit dessus un parfum precieux. Jesus lui dit : *Vos pechez vous sont remis ; allez en paix* : ce qui scandalisa le Pharisien. Jesus guérit un possedé aveugle & muet. Les Pharisiens disoient qu'il s'entendoit avec les démons, & que c'étoit au nom de leur prince qu'il les chassoit. Ceux de Nazaret l'aïant entendu parler dans leur Synagogue, ne sçavoient d'où pouvoit venir cette sagesse à un homme qu'ils avoient toujours regardé comme un vil artisan ; & irritez de ce qu'il leur dit, ils le chassérent de leur ville, & voulurent le précipiter.

Hérode charmé de la grace avec laquelle la fille d'Hérodias avoit dansé un jour de festin, promit avec serment de lui donner ce qu'elle lui demanderoit. Cette fille aïant consulté sa mere, demanda la tête de Jean, qui lui fut accordée.

Jesus donna à ses Apôtres le don des miracles, & les envoïa prêcher. Ses Apôtres étant de retour, il se retira avec eux dans un lieu desert, & y fut suivi d'une grande multitude. Il instruisit ce peuple, guérit les malades, & multiplia cinq pains d'orge & deux poissons qui se trouverent dans ce lieu, en sorte que cinq mille hommes, sans compter les femmes & les enfans, en furent rassasiez, & douze corbeilles remplies des morceaux qui resterent.

ruë S. Jacques, au Compas.

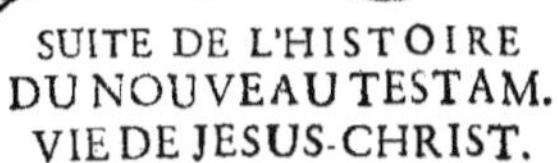

IIIe ANNE'E DE LA PREDICATION DE J. C.

Les Apôtres s'étant embarquez sans Jesus, Jesus marcha sur les eaux pour les joindre. Les Apôtres croïant voir un fantôme, s'écriérent de fraïeur. Il leur dit: *C'est moi, ne craignez point.* Pierre dit: *Seigneur, si c'est vous, commandez que j'aille à vous en marchant sur les eaux.* Jesus lui dit de venir; mais le vent étant grand, Pierre eut peur, & commençoit à enfoncer; Jesus le soutint, en le reprenant de son peu de foi: ils entrerent dans la barque, & aussi-tôt le vent cessa. Jesus étant à Capharnaum dans la Synagogue, fut abandonné de plusieurs de ses Disciples, sur ce qu'il dit qu'il étoit le pain vivant descendu du Ciel, & que qui mangeroit sa chair & boiroit son sang vivroit éternellement. Etant passé vers Tir & Sidon, une femme Canaaéenne obtint par sa foi la guérison de sa fille qui étoit possedée du démon. Il guérit un homme sourd & muet, en mettant les doigts dans ses oreilles, & de la salive sur sa langue.

Quantité de gens l'aïant suivi dans un lieu desert, il multiplia sept pains & quelques poissons, dont il y eut quatre mille hommes rassasiez, sans compter les femmes & les enfans; & on emplit sept corbeilles des morceaux qui resterent. Il rendit la vûë à un aveugle de Betzaïde. Il mena Pierre, Jacques & Jean sur une haute montagne; & pendant qu'il prioit, son visage parut brillant comme le soleil, ses habits blancs comme la neige, & Moïse & Elie s'entretenoient avec lui. Les Apôtres qui dormoient se réveillérent; & Pierre, hors de lui-même & ne sçachant ce qu'il disoit, dit: *Seigneur, nous sommes bien ici, faisons-y des tentes, pour vous, pour Moïse & pour Elie.* Ils entendirent une voix qui dit: *Celui-ci est mon Fils bien-aimé, dans lequel j'ai mis toute mon affection; écoutez-le.* Les Disciples tombérent le visage contre terre. Jesus les toucha & leur dit: *Levez vous & ne craignez point.* Jesus étant descendu de la montagne, un homme lui présenta son fils unique qui étoit horriblement tourmenté du démon, & que ses Disciples n'avoient pû guérir. Jesus chassa le démon.

Allant à Jérusalem, il guérit dix lépreux, & il n'y en eut qu'un, qui étoit Samaritain, qui vint le remercier. Etant à Jérusalem, les Juifs lui amenérent une femme surprise en adultere, & lui demandérent si on la devoit lapider comme la Loi l'ordonnoit. Jesus leur dit: *Que celui d'entre vous qui est sans peché lui jette la premiere pierre.* Ils se retirérent l'un après l'autre. Jesus guérit un aveugle né, qui fut chassé de la Synagogue par les Pharisiens, parce qu'il parloit en faveur de celui qui lui avoit rendu la vûë. Il choisit soixante-douze Disciples, qu'il envoïa prêcher.

Marthe reçut Jesus en sa maison, & se plaignit à lui de ce qu'il souffroit que sa sœur restât tranquilement auprès de lui à l'écouter, au lieu de la soulager. Jesus lui dit qu'elle se donnoit trop de mouvement, & que sa sœur avoit pris le bon parti. Il guérit un jour de Sabbat une femme qui étoit courbée depuis dix-huit ans, & un hydropique encore un jour de Sabbat, malgré le scandale qu'en prenoient les Pharisiens.

Parabole des conviez qui s'excusent de venir au banquet où ils sont invitez: De la brebi perduë: De la dragme retrouvée: De l'enfant-prodigue: De l'œconome chassé, qui se fait des amis aux dépens de son maître: Du mauvais riche: De la veuve importune à un mauvais Juge: Du Pharisien & du Publicain: Des ouvriers, dont les uns commencent de bonne heure à travailler, les autres tard.

Jesus étant au château de Béthanie, où Lazare frere de Marthe & de Marie étoit mort depuis quatre jours, se fit mener à son sepulcre, & le ressuscita; ce qui fit prendre au Grand-Prêtre & aux Pharisiens la résolution de faire mourir Jesus. Passant par Jérico, il dit au Chef des Publicains, nommé Zachée, qui étoit monté sur un arbre pour le voir, en descendre; & il alla chez lui.

Parabole d'un homme riche qui donna à dix de ses serviteurs une mine d'argent à chacun, pour la faire profiter en son absence. Jesus rendit la vûë à deux aveugles de Jérico.

J. C. alla en Béthanie souper chez Simon le Lépreux: Lazare étoit du repas, & Marthe servoit. Marie répandit un parfum exquis sur les pieds & sur la tête de Jesus; ce qui scandaliza les assistans; mais J. C. prit la défense de Marie, & prédit que par-tout où l'Evangile seroit prêché, on parleroit de cette action. Jesus entra en triomphe dans Jérusalem, monté sur un ânon. Il chassa les marchands du Temple.

Parabole d'un homme venu au festin des nôces sans robe nuptiale, jetté dans les tenebres extérieures. Les ennemis de Jesus lui tendirent un piége, en lui demandant s'il étoit permis de payer le tribut à César. Judas alla trouver les Princes des Prêtres, qui cherchoient à perdre Jesus, & convint avec eux de le leur livrer, moyennant trente pieces d'argent.

IVe ANNE'E DE LA PREDICATION DE J. C.

Jesus étant à table avec ses Disciples, leur dit qu'il avoit desiré avec ardeur de manger avec eux cette Pâque, qui devoit être la derniére. Aïant soupé, il lava les pieds de ses Apôtres, pour leur apprendre à se rendre ce service-là mutuellement: Ensuite il institua le Saint Sacrement.

Après le repas, il alla au jardin des Oliviers, où il se retira à l'écart pour prier. Il entra en agonie, & il lui prit une sueur comme de goutes de sang, qui découloient jusqu'à terre. Aïant rejoint ses Disciples, Judas parut à la tête d'une troupe de gens armez, & le baisa. Ces gens qui avoient été d'abord renversez d'une parole que Jesus avoit dite, se saisirent de lui & le menerent chez Caïphe Grand-Prêtre, où il reçut un soufflet. Caïphe le jugea digne de mort, pour s'être dit le Christ. Les soufflets, les crachats, les insultes furent des suites de cette sentence. Le matin étant venu, on le mena chez Pilate, qui ne trouva point de sujet de le condanner, & l'envoïa à Hérode, auquel Jesus n'aïant point répondu, il fut renvoïé à Pilate, revêtu d'une robe blanche par mépris. Pilate croïant calmer les Juifs, fit foüetter Jesus. Les soldats l'aïant foüetté, & couronné d'épines, Pilate le montra en cet état au peuple, qui ne cessa point de demander sa mort, & dit à Pilate qu'il ne seroit pas ami de César, s'il le renvoïoit, parce qu'il avoit dit qu'il étoit Roi. Là-dessus Pilate le condanna. On lui remit ses habits, il fut chargé de sa croix, & mené hors de Jérusalem, accompagné de deux scelerats, qui furent crucifiez avec lui. Tous lui insultoient, & lui disoient de descendre de la croix, s'il étoit Fils de Dieu: mais un des larrons le pria de se souvenir de lui quand il seroit dans son Roïaume, & Jesus l'assura qu'il y seroit avec lui ce jour-là même. Jesus recommanda sa Mere qui étoit présente, à S. Jean. La terre fut couverte de tenebres depuis midi jusqu'à trois heures que Jesus expira.

Dès qu'il fut mort, le voile du Temple se déchira, la terre trembla, les pierres se fendirent, les sepulcres s'ouvrirent, & plusieurs morts ressusciterent.

Les Juifs ne voulant pas que les corps de ceux qui avoient été crucifiez demeurassent en croix le jour du Sabbat, firent rompre les jambes aux larrons. Pour Jesus comme on vit qu'il étoit mort, on ne les lui rompit point; mais un soldat lui perça le côté d'une lance, d'où il sortit du sang & de l'eau. Sur le soir, Joseph d'Arimathie obtint de Pilate le corps de Jesus; & assisté de Nicodeme, le descendit de la croix, & le mit dans le sepulcre qu'il avoit fait tailler dans le roc pour lui-même, & où personne n'avoit été mis. Les Juifs qui sçavoient que Jesus avoit dit qu'il ressusciteroit le troisième jour, scellérent la pierre, & mirent des gardes à l'entrée du tombeau.

Marie-Madeleine, Marie mere de Jacques, & Salomé allerent de grand matin le lendemain de la fête, avec des parfums, pour embaumer le corps de Jesus. Elles virent la pierre qui fermoit le sepulcre ôtée, & ne trouvérent point le corps; mais des Anges qui leur dirent qu'il étoit ressuscité. Il se fit voir à Madeleine, aux Apôtres assemblez à Jérusalem, à deux Disciples qui alloient à Emmaüs, à Thomas, à cinq cens freres tout à la fois, &c. Enfin, de dessus la montagne des Oliviers, où ses Disciples s'étoient rendus, il s'éleva vers le Ciel, les benit, & entra dans une nuée qui le déroba à leurs yeux.

Avec Appr. & Privil. du Roy.

Ch. 1. APRE'S l'Ascension les Disciples allerent à Jérusalem attendre la descente du S. Esprit. Cependant Pierre proposa de remplir la place de Judas qui s'étoit pendu. Pour cela on prit deux Disciples de ceux qui avoient toûjours été avec Jesus, & le sort jetté pour connoître celui que Dieu agréoit, tomba sur Mathias qui fut associé aux onze Apôtres.

Ch. 2. Le jour de la Pentecôte arrivé, on entendit un vent violent, & on vit paroître comme des langues de feu sur chacun des Disciples. Aussi-tôt ils furent remplis du Saint-Esprit, & commencerent à parler diverses langues. Il y avoit des Juifs à Jérusalem de plusieurs endroits de l'Asie, qui étoient dans une extrème surprise de voir que les Apôtres se faisoient entendre en même temps à des gens de tant de differens païs. D'autres disoient qu'ils étoient yvres. Là-dessus Pierre prit la parole, & le fruit de son discours fut la conversion de trois mille hommes qui furent batisez ce jour-là. Tout le monde étoit saisi de fraïeur voïant la quantité de prodiges que les Apôtres faisoient. Ceux qui croïoient vendoient leurs terres & leurs biens, & les mettoient en commun.

Ch. 3. Pierre & Jean aïant guéri un boiteux qui demandoit l'aumône à la porte du Temple, & tout le monde étant dans l'admiration de voir cet homme marcher; Pierre prit de là occasion de leur parler de Jesus, au nom duquel ce miracle s'étoit fait, & il y en eut encore quantité qui crurent, & se convertirent.

Ch. 4. Les Prêtres les entendant annoncer la résurrection de Jesus les firent mettre en prison, & leur défendirent avec menaces de continuer à répandre cette doctrine.

Ch. 5. Ananie & sa femme vendirent une terre qui leur appartenoit, & convinrent de n'apporter aux Apôtres qu'une partie de ce qu'ils en avoient reçû. Pierre dit à Ananie qu'il auroit pû garder sa terre, & toute la somme qu'elle avoit produite, sans venir mentir au S. Esprit. Ananie frapé de cette réprimande, tomba mort sur le champ. Trois heures après la femme d'Ananie vint dire la même chose que son mari, & mourut de la même manière. Ce qui répandit la fraïeur dans toute l'Eglise.

Cependant les Apôtres faisoient quantité de prodiges. On aportoit sur des lits & sur des paillasses les malades dans les ruës, où Pierre devoit passer, & l'ombre de son corps les guérissoit. Le Grand-Prêtre & les Sadducéens irritez, firent mettre les Apôtres en prison, mais un Ange en ouvrit les portes la nuit. Le Conseil s'étant assemblé, ordonna qu'ils fussent amenez, mais on ne trouva personne dans la prison. Quelqu'un leur dit que les gens qu'ils cherchoient étoient dans le Temple, qui instruisoient le peuple; on les amena sans violence. Ils parlerent à leurs juges avec fermeté, ce qui les transporta de rage; mais Gamaliel leur representa, que si cette œuvre venoit des hommes, elle se détruiroit; que si elle venoit de Dieu, ce seroit combatre contre Dieu même que de s'y oposer. Ils les firent foüetter, & les laisserent aller. Les Apôtres se réjoüirent d'avoir été trouvez dignes de souffrir cet affront pour J. C.

Ch. 6. Le nombre des Disciples se multipliant, les Juifs Grecs se plaignirent de ce qu'on négligeoit de pourvoir aux besoins de leurs veuves. On choisit sept personnes d'une probité reconnuë, qui furent chargez de ce soin. Quelques-uns de la Sinagogue voulurent disputer avec un de ces sept Diacres nommé Etienne, homme plein de Foi & du S. Esprit; mais ne pouvant résister à la sagesse avec laquelle il parloit, ils subornérent des témoins, qui l'accusérent de blasphêmer contre Moïse & contre Dieu.

Ch. 7. Etienne dit à ses Juges que l'aversion qu'ils avoient pour la verité les avoit porté dans tous les tems, à faire mourir ceux qui la leur avoient annoncée. La rage alors s'empara de leur cœur, & Etienne s'étant encore écrié, qu'il voïoit le ciel ouvert, & le Fils de l'homme à la droite de son Pere, ils se jetterent sur lui, le traînerent hors de la ville, & le lapidérent. Etienne se mit à genoux, & pria le Seigneur de ne leur imputer point ce crime.

Ch. 8. L'AN 33. Il s'éleva alors une grande persécution contre l'Eglise; & tous les Fideles, à la reserve des Apôtres, chercherent des retraites hors de Jérusalem. Philippe Diacre se retira à Samarie. Il y fit quantité de miracles & de conversions.

Simon qui avoit donné une grande idée de lui au peuple de cette ville par des enchantemens, fut du nombre de ceux qui crurent à la parole de Dieu. Pierre & Jean vinrent à Samarie pour imposer les mains à ceux qui avoient été batisez, & leur donner le S. Esprit. Simon voïant l'effet de l'imposition des mains des Apôtres, leur offrit de l'argent pour avoir la même faculté. Pierre lui dit avec imprécation, que le Don de Dieu ne s'aqueroit point par argent.

Cependant un Ange dit à Philippe d'aller sur le chemin qui mene de Jérusalem à Gaza; y étant il vit un Seigneur Ethiopien qui lisoit Isaïe. Philippe lui demanda s'il entendoit ce qu'il lisoit. L'Ethiopien le pria de monter sur son chariot pour le lui expliquer. Les discours de Philippe le persuaderent, & passant par un endroit où il y avoit de l'eau, il demanda à être batisé; Philippe le batisa & disparut aussi-tôt.

Ch. 9. L'AN 34. Saul qui avoit eu part à la mort d'Etienne, & étoit un des plus grands persécuteurs des Fideles, non content du mal qu'il leur avoit fait à Jérusalem, obtint du Grand-Prêtre le pouvoir d'emprisonner ceux de Damas qui seroient dans leurs sentimens: mais en aprochant de Damas, il fut tout d'un coup environné d'une lumière du Ciel, & tombant par terre, il entendit une voix qui lui dit: *Saul, Saul, pourquoi me persécutez-vous?* Saul dit: *Qui êtes-vous, Seigneur?* Le Seigneur répondit: *Je suis Jesus, que vous persécutez.* Alors tout tremblant, il demanda: *Que faut-il que je fasse?* Le Seigneur lui dit qu'il l'apprendroit à Damas. Ceux qui l'accompagnoient l'y conduisirent; car il ne voïoit point. Il fut trois jours sans manger & sans boire. Ananie le vint trouver par ordre du Seigneur; lui rendit l'usage des yeux, dont il tomba comme des écailles, & le batisa.

Saul se mit aussi-tôt à prêcher dans les Sinagogues, au grand étonnement de ceux qui l'avoient vû si ardent à combattre la doctrine qu'il enseignoit.

L'AN 37. Les Juifs de Damas aïant résolu de le faire mourir, & faisant garder les portes de la ville, pour l'empêcher d'en sortir, les Disciples le descendirent la nuit dans un panier le long des murs. Etant venu à Jérusalem, il s'attira par son zele l'inimitié des Juifs de Grece, qui résolurent de le tuer. Les Freres le conduisirent jusqu'à Cesarée, & l'envoïérent à Tarse.

L'AN 38. Pierre passa à Lidde, y guérit un homme nommé Enée, paralitique depuis huit ans: ce qui fut cause de la conversion de plusieurs. Tabite, veuve fort charitable, étant morte à Joppé, Pierre y alla & la ressuscita; ce qui accrut encore le nombre des Fideles.

Ch. 10. L'AN 39. Un Centenier qui étoit à Cesarée, homme de bien & craignant Dieu, fut averti par un Ange d'envoïer à Joppé quetir Pierre, qui lui diroit ce qu'il lui faudroit faire pour être sauvé. Les Juifs avoient horreur d'entrer dans la maison d'un Gentil, mais Dieu avertit Pierre de ne pas faire difficulté d'aller chez Corneille. Corneille avoit assemblé grand nombre de ses amis, pour entendre ce que Pierre leur diroit. Pendant qu'il leur parloit le S. Esprit descendit sur tous ceux qui l'écoutoient; ce qui détermina Pierre à les faire batiser. *Ch. 11.* Pierre de retour à Jérusalem, apprit aux Fideles circoncis qui s'étonnoient de ce qu'il avoit mangé avec des incirconcis, comme les choses s'étoient passées, & ils glorifierent Dieu de ce qu'il avoit fait part aux Gentils du don qui mene à la vie.

Quelques-uns de ceux que la persécution excitée à la mort d'Etienne avoient écartez, étoient passez à Antioche, & *L'AN 40* l'Evangile y avoit été prêché aux Gentils avec succès. Cela étant connu à Jérusalem, on y envoïa Barnabé, qui alla trouver Paul à Tarse & l'amena à Antioche, où ils demeurerent pendant un an, & instruisirent un fort grand nombre de personnes; de sorte que ce fut en cette ville que les Fideles furent premierement nommez CHRETIENS, *L'AN 41.*

Ch. 12. L'AN 42. Hérode Agrippa fit couper la tête à Jacques, frere de Jean; & voïant que cela plaisoit aux Juifs, il mit Pierre en prison, dans le dessein de le faire mourir aussi. La nuit qui préceda le jour destiné à son supplice, un Ange le tira de prison: il alla chez Marie mere de Marc, où plusieurs étoient assemblez.

Une jeune fille nommée Rhode reconnut la voix de Pierre ; & au lieu de lui ouvrir, courut dire à ceux qui étoient dans la maison que Pierre étoit à la porte. On crut qu'elle rêvoit ; mais Pierre continuant à heurter, surprit étrangement tout le monde par sa présence. Il les informa de ce qui lui étoit arrivé, & se retira dans un autre lieu. Hérode qui avoit voulu le faire mourir, mourut cette même année, mangé des vers.

Ch. 13. Barnabé & Saul allèrent d'Antioche où ils étoient, à Chipre. Etant à Paphos, le Proconsul nommé Serge-Paul entendoit favorablement Saul & Barnabé ; mais un Juif magicien & faux prophete, nommé Barjesu, le détournoit d'embrasser la Foi. Saul frapa d'aveuglement ce méchant homme, & le Proconsul se convertit. Saul prit depuis le nom de Paul. De Paphos il alla à Perge avec Barnabé. De Perge à Antioche de Pisidie ; mais les Juifs les firent chasser de ce païs.

Ch. 14. Ils allèrent à Icone, où plusieurs personnes embrassèrent la Foi ; mais ceux qui ne crurent pas les auroient lapidé, s'ils ne se fussent retirez.

L'AN 43. Etant à Listre, Paul vit un homme qui étoit né boiteux, & lui dit de se lever & de marcher. Le peuple prit Paul & Barnabé pour des Dieux, & amena des taureaux pour les leur offrir en sacrifice. Quelques Juifs d'Antioche étant venus à Listre, firent tant auprès de ce peuple, qu'il lapida ce même Paul, à qui il avoit voulu rendre un peu auparavant des honneurs divins, & le traîna hors de la ville le croïant mort : mais les Disciples s'étant assemblez autour de lui, il se leva, & le lendemain se mit en chemin avec Barnabé. Aïant parcouru plusieurs contrées, ils revinrent L'AN 44. à Antioche de Sirie, d'où ils étoient partis.

Ch 15. L'AN 49. Quelques-uns venus de Judée enseignoient, que sans la circoncision on ne pouvoit être sauvé. Paul & Barnabé furent députez à Jérusalem, pour sçavoir ce que l'on en devoit croire.

L'AN 50. Les Apôtres & les Prêtres s'étant assemblés, renvoïèrent Paul & Barnabé avec une lettre qui portoit, qu'on n'imposoit point d'autre charge aux Gentils, que de s'abstenir de ce qui avoit été sacrifié aux idoles, du sang, des chairs étouffées, & de la fornication. Paul & Barnabé se séparèrent L'AN 51, ne pouvant convenir sur le choix de celui qui devoit les accompagner dans le voïage qu'ils vouloient faire. Paul prit Silas avec lui, & Barnabé partit avec Marc.

Ch. 16. L'AN 51. Paul passant par Listre, voulut qu'un disciple nommé Timothée, fils d'un pere Gentil, l'accompagnât, & il le fit circoncire. A Philippe ils rencontrèrent une servante qui avoit un esprit de Python. Paul le fit sortir de cette fille. Les Maîtres à qui elle appartenoit, voïant cesser le gain qu'elle leur apportoit pâr ses divinations, menerent Paul & Silas devant les Magistrats, & les accusèrent d'enseigner une doctrine pernicieuse. Les Magistrats les firent foüetter & mettre en prison. La nuit les fondemens de la prison furent ébranlez par un tremblement de terre, les portes s'ouvrirent, les liens des prisonniers furent rompus. Le Geolier croïant les prisonniers sauvez, voulut se tuer ; mais Paul lui cria : *Ne vous faites point de mal, nous sommes encore tous ici.* Alors le Geolier vint se jetter à ses pieds, & lui demanda ce qu'il falloit faire pour être sauvé ; Paul l'instruisit & le batisa, lui & toute sa famille. Le lendemain les Magistrats sçachant que Paul étoit citoïen Romain, vinrent lui faire excuse, & le mettre en liberté lui & Silas. *Ch* 17. Ils prêcherent à Thessalonique, à Beroé, d'où ils passerent à Athènes.

L'AN 52. Paul fut écouté dans l'Areopage. Denis Senateur & quelques autres, s'attacherent à lui. *Ch.* 18. D'Athénes il alla à Corinthe, où il resta un an & demi, & y convertit plusieurs personnes ; & de là à Ephese L'AN 54. *Ch.* 19. Il resta deux ans à Ephese, & y fit de grands miracles ; ses mouchoirs & ses linges guérissans les malades. Ceux qui s'étoient mêlez d'astrologie y renoncerent, & il fut brûlé de ces sortes de livres pour environ 20000 liv. de notre monnoie.

L'AN 57. Un Orfévre qui faisoit de petits temples de Diane, excita une grande sédition dans la ville, sur ce que Paul enseignoit qu'on ne devoit pas reconnoître pour Dieux des ouvrages faits de la main des hommes.

Ch. 20. L'AN 58. A Troade, Paul ressuscita un jeune homme nommé Eutique, qui s'étoit tué en tombant d'un troisieme étage. Il y eut bien des larmes répanduës quand il partit de Milet, sur ce qu'il dit aux Freres qu'ils ne le reverroient plus.

Ch. 21. Il prit terre à Tyr, & y passa sept jours. De là il aborda à Ptolemaïde, & le lendemain il alla à Césarée, où Agabus lui prédit qu'il seroit livré aux Gentils à Jérusalem ; mais on ne put le détourner d'y aller. Y étant arrivé, pour faire connoître aux Juifs qu'il ne condamnoit pas la Loi de Moïse, comme on l'en accusoit, il prit quatre hommes qui avoient fait un vœu, & se purifia avec eux. Des Juifs d'Asie le voïant dans le Temple, émurent le peuple, & se saisirent de lui. Le Tribun vint avec des soldats, & ordonna qu'il fût mené dans la citadele.

Ch. 22. Comme on l'y conduisoit, il lui fut permis de parler aux Juifs, mais ils l'interrompirent au milieu de son discours, & demandérent sa mort. Le Tribun, pour sçavoir de quoi il étoit coupable, le fit lier pour être foüetté ; mais aprenant qu'il étoit citoïen Romain, il ne passa pas outre. Le lendemain il fit assembler le Prince des Prêtres & le Conseil, & fit amener Paul devant eux.

Ch. 23. Paul aïant commencé son discours par dire qu'il s'étoit toujours conduit devant Dieu avec droiture, le Grand Prêtre lui fit donner un soufflet. Ses Juges étant les uns Pharisiens, & les autres Sadducéens, il dit qu'il étoit appellé en jugement, parce qu'il étoit Pharisien, & qu'il croïoit la résurrection. Là dessus les sentimens se partagerent, & le tumulte devint si grand, que le Tribun craignant pour Paul, le fit enlever. Plus de quarante Juifs firent vœu de ne boire ni ni manger, qu'ils ne l'eussent tué. Le Tribun informé de ce dessein, l'envoïa de nuit à Césarée.

Ch. 24. Felix Gouverneur de Judée entendit Paul & ses accusateurs ; mais il remit la décision de cette affaire à un autre tems ; Paul demeura deux ans à Césarée, & Felix en quittant le gouvernement de Judée, laissa Paul prisonnier pour faire plaisir aux Juifs.

Ch. 25. L'AN 60. Festus successeur de Felix, demanda à Paul s'il vouloit être jugé à Jérusalem. Paul voïant qu'on le vouloit sacrifier aux Juifs, apella à César. Cependant Agrippa & Berenice étant venus voir Festus, demandérent à entendre Paul.

Ch. 26. Le discours de Paul fit dire à Festus, que son trop de science lui avoit altéré l'esprit. Agrippa & lui jugerent qu'il pouvoit être renvoïé absous, s'il n'eût point apellé à César.

Ch. 27. Paul aïant été embarqué pour l'Italie, la navigation fut malheureuse ; le mauvais tems fit jetter à la mer tout ce qui pouvoit soulager le vaisseau. La tempête continuant, & toute espérance d'éviter le naufrage étant perduë, Paul assura qu'il n'y auroit que le vaisseau qui périroit, & que les personnes seroient sauvées ; ils étoient 276. En effet, on s'aperçut qu'on approchoit de la terre : le Pilote y fit échoüer le vaisseau. Les Soldats vouloient tuer les prisonniers ; mais le Centenier les en empêcha en faveur de Paul. Chacun se jetta à la mer, & les uns nageant, les autres sur des planches, tous gagnerent le bord.

Ch. 28. C'étoit à l'Isle de Malte qu'ils aborderent. On alluma un grand feu, & Paul y aïant jetté un fagot, une vipere en sortit, & s'attacha à sa main. Les gens de l'Isle crurent que Paul étoit bien criminel, puisque la vengeance celeste le poursuivoit encore après le danger dont il venoit d'échaper ; mais voïant qu'il avoit secoüé la vipere dans le feu, & que cette morsure n'avoit point de suite, ils le prirent pour un Dieu. Paul fit à Malte, pendant trois mois qu'il y demeura, plusieurs guérisons miraculeuses, qui engagerent les habitans à donner aux voïageurs ce qui étoit nécessaire pour achever leur voïage.

L'AN 61. Etant arrivez à Rome, Paul eut là liberté d'aller où il voulut, aïant seulement un soldat pour le garder. Il demeura deux ans à Rome, & y prêcha Jesus-Christ, sans que personne l'en empêchât.

A PARIS, Chez RONDET, ruë S. Jacques, au Compas.

M. DCC. XXVI. *Avec Appr. & Privil. du Roy.*

PREMIERE TABLE DES PRINCIPAUX OFFICES DE FRANCE.

LA COUR.

CLERGE' DE LA COUR.

Grand Aumônier, ROHAN.
Pr Aumônier, COILIN.
Me de l'Oratoire, VAUREAL.
Confesseur, DE LINIERES.
8 Aumôn. 2 Q. SAUMERI,
DE PESE', LA VIEVILLE, DE
SESMAISONS, FOURBIN
D'OPPEDE, BRISSAC, DE
SUZE, N
Chapelains, 1 ordin. 8. 2. Q.
Clercs de Chapelle, Item, &c.

Chapelle-Musique.

Le Me. DE BRETEUIL.
8 Chapelains 4 s. 1 ordin.
4 Clercs 2 s. 1 ord.
4 Mes de Musique, N,
GERVAIS, BERNIER,
CAMPRA. Un Compositeur,
4 Organistes 1 Q. BUTERNE,
LANDRIN, COUPERIN,
DANDRIEU.
6 Pages, plus de 130 tant
Chantres que Simphonistes.
2 Fouriers. 1 Noteur.

CUISINE.

Le Grand Me M. le DUC.
Le Pr Me d'Hôtel, DE LIVRI.
1 ordin. 12 autres. 3. Q.
Grand Pannetier, BRISSAC.
Grand Echanson, LANMARI.
Grand Ecuyer Tranchant,
LA CHENAIE.
36 Gentilshommes Servans,
9 Q.

Bureau du Roi.

3 Mes de la Chambre aux
Deniers. A. N, VI-
REAU DES ESPOISSES, RASLE.
2 Controlleurs Généraux. 1
s. GALLET, DE TACHI. 1 ordin. 16 Controlleurs Clercs
d'Office.

Les Sept Offices.

Le Goblet. *Panneterie & E-
chansonerie Bouche.*
Cuisine-Bouche.
Panneterie, Echansonerie,
Cuisine. *Commun.*
Fruiterie. Fouriere.
Un Me d'Hôtel du Grand-
Maître, DU CAROY.
Un du Gr. Châbelan, BOQUET.

CHAMBRE.

Le Gr. Châbelan, BOÜILLON.
4 Prs Gentilshommes, 1 A.
AUMONT en 1726, DE TRES-
MES 1727, LA TRIMOILLE
1728, MORTEMART 1729.
24 Pages, 6 à chaque prem.
Gentilhomme. [*Leur habit est
rouge, chamaré d'un galon d'or
entre deux d'argent.*]
Valets 4 Pr. 1 Q. BONTEMPS,
DE NIERT, QUENTIN DE
CHANCENETS, BACHELIER.
32 autres, 8 Q. 16 Huissiers.
Porte-Manteaux. 1 ordin.
12 autres, 3 Q. 2 Porte-
Arquebuses, 1 s. ANTOINE,
TOUROLLE.

Levrettes de la Chambre.
Capitaine de cet Equipage,
DE VASSAN.
Oiseaux de la Chambre.
Chef du Vol pour les Champs,
DUPONT DE COMPIEGNE.
Me Fauconnier, DUPUY.
Chef du Vol pour Pie, DAUZI
DE S. ROMAN. Me Faucon-
nier, N
Musique de la Châbre, 2 Sur-
Intendans, 1 s. DES TOUCHES,
LULLI.
26 Gentilshommes ordinaires
de la Maison du Roi.

GARDEROBE.

Le Grand Maître, LA ROCHE-
FOUCAUD.
2 Mes I. A. SOUVRE', MAIL-
LEBOIS.
Valets, 4 prem. I. Q.
J. QUENTIN, L. QUENTIN,
BINET, DE LA ROCHE, 16
autres, 4 Q. 1 ordinaire.

CABINET.

Des Affaires & Dépêches.
4 Secrétaires ; CHASPOUX,
BOSC, DE LA FAYE, DUBOIS.
Des Livres. BIGNON.
*Tous les Livres qui étoient dans
le Cabinet du Louvre ont été
réunis à la grande Bibliotheque
du Roi en 1710, aussi-bien que
les Charges de Gardes de la Bibliotheque du Cabinet & de la
Bibliotheque de Fontainebleau,
sous le titre de Bibliothequaire
du Roi, Intendant, &c.*
2 Lecteurs; CROZAT, DE
FERIOL.
Fauconnerie du Cabinet Un
Capitaine Général, FORGET.

MEUBLES.

Intendant & Controlleur Général des Meubles de la Couronne, FONTANIEU. Un Gar-
de Général, NEROT.

SANTE'.

Pr. Médecin, DODART. Un
ordin. 8 autres, 2 Q.
Pr. Chirurgien, MARECHAL.
Un ordin. 8 autres, 2 Q.
4 Apotiquaires. 4 Aides.
2 Operateurs ordinaires.

BATIMENS.

Direct. Gen. le D. D'ANTIN.
Architectes. Pr. DE COTTE.
Ordinaire, GABRIEL.
3 Intend. I. A. DE LA MOTE,
DE COTTE Fils, HENIN.
3 Controlleurs Généraux,
DESGOTS, GABRIEL, MOLET.
2 Tresoriers Généraux, DE-
NIS, AUBOURG.
Prem. Peintre du Roi, BOUL-
LONGNE.

Maréchaux des Logis.
Gr. Maréch. le C. DE LA SUZE.
12 Maréchaux. 3. Q.
48 Fouriers. 12 Q.

A PARIS, Chez RONDET, Libr. Imprim.

GARDES DU ROY.

Du dedans du Louvre.

4 Compagnies des Gardes du
Corps. Capitaines, NOAIL-
LES, [*Bandouliere argent plein.*]
HARCOURT, [*argent & jaune*]
CHARÔT, [*argent & bleu*]
VILLEROY, [*argent & vert.*]
D'HAUTFORT Major, & DU
PLANTY Aide-Major, pour
tout le Corps. Chaque Com-
pagnie est composée d'un Ca-
pitaine, 3 Lieutenans, 3 En-
seignes, 1 Aide-Major, 12
Exempts, 12 Brigadiers, 2
à chaque Brigade; 12 Sous-
Brigadiers, 6 Porte-Eten-
darts, 1 Commissaire à la
conduite, & de 216 Gardes.

*Les Capitaines, le Major, les
Lieutenans, Enseignes, Aides-
Majors, Exempts, portent tous
le Bâton dans la Maison du
Roi.*
25 Gentilshommes Gardes de
la Manche de la Compagnie
Ecossoise.
Les 100 Suisses. Capitaine,
DE MONTMIREL; & par Com-
mission, DE COURTENVAUX.
50 Gardes de la Porte, 12
& 13 Q. Cap. DE CROISSI.
90 Gardes de la Prévôté de
l'Hôtel. Cap. DE SOURCHES.

Du dehors du Louvre.

160 Gendarmes, ROHAN.
160 Chevaux-Legers, DE
CHAUNES.
300 Mousquetaires en deux
Compagnies. Prem. D'ARTA-
GNAN, [*galon d'or, flâmes
rouges.*
2de. CANILLAC, [*galon d'argent, flâmes jaunes.*]
*Ces quatre Compagnies, &
celle des Grenadiers à Cheval,
ont le Roi pour Capitaine. Leurs
Premiers Officiers sont nommez
Capitaines-Lieutenans.*
Régiment des Gardes Fran-
çoises, GRAMONT Colonel.
33 Comp. de 110 hommes
chacune, dont 3 de Grena-
diers.
Régiment des Gardes Suisses,
BESENVAL Colonel. 12 Com-
pagn. de 200 hom. chacune.
Grenadiers à cheval, 80 Mes.
DE RIOTOR DE VILLEMUR.

ECURIE.

Grand Ecuyer, le PRINCE
CHARLES.

Grande Ecurie.
Ecuyers, Pr. STE MAURE.
3 Ordin. GOUYON DE L'EGOU-
MAN, DE ROMANCE DE
MESMON, SALLEVERT.
3 Cavalcadours, BIZET DE
LA MADELAINE, DE ROMAN-
CE DE MESMON, & DE
MESMON.

40 Pages. 42 Valets de Pied.
[*L'ouverture de leurs poches est
en travers, Le galon sur le re-
troussis des manches est en é-
charpe.*
Petite Ecurie.
ECUYERS. Prem. BERINGHEN.
Un Ordin. 20 autres, 5. Q.
20 Pages. 15 Valets de Pied.
[*L'ouverture de leurs poches est
en long. Le galon des manchés
en quille.*]
30 Hérauts d'Armes.

POSTES.

2 Intend. Génér. ROUILLE',
PAJOT D'ONSEMBRAI.
2 Control. Génér. ROUILLE'
DE FONTAINE, PAJOT DE
VILLERS.

VOIAGES.

2 Capitaines des Guides.
Un Wagmestre de l'Equipage
du Roi.
Un Capitaine des Mulets.
Un des Charrois.

CHASSE.

G. Veneur, le C. DE TOULOUSE.
Lieutenans de Vénerie. Un
Ordin. 4 autres. I. Q.
Sous-Lieutenans, 4.
Gentilhommes de la Vénerie.
3 Ordin. 44 autres, 11. Q.
Gardes des Plaisirs, une Com-
pagnie.
Gr. Fauconier, DESMARETS.
9 Vols. 2 pour le Milan, 1
pour le Heron, 2 pour Cor-
neille, &c.
25 Gentilshommes.
Grand Louvetier, HEUDI-
COURT. 2 Lieuten. Génér.
1 Sous-Lieutenant. Capitaine
Général de l'Equipage du
Sanglier, D'ECQUEVILLI.

CEREMONIES.

Grand Me. DREUX. Me. DES-
GRANGES. Aide, DE BOURLA-
MAQUE.
2 Introducteurs des Ambas-
sadeurs, SAINCTOT, DE
MONCONSEIL.

CLERGE' DE FRANCE.

Cardinaux. NOAILLES, RO-
HAN, POLIGNAC, BISSY, DE
GESVRES, FLEURI.
Archevêchez 18.
Evêchez 110.
Chefs d'Ordre 12, 9 Ab-
baïes, 3 Prieurez.
Cures environ 40000.

PAIRIES

Anciennes Ecclesiastiques.
Duchez.
Reims, GUIMENE'.
Laon, DE LA FARE.
Langres, D'ANTIN.
Comtez.
Beauvais, SAINT-AGNAN.
Châlons, DE TAVANNES.
Noyon, ROCHEBONNE.

SUITE DE LA Ire TABLE DES PRINCIPAUX OFFICES DE FRANCE.

Pairies Nouvelles.

1572. Ufez.
1582. Elbeuf.
1585. Monbazon. [LE.
1599. Thoüars, LA TRIMOIL-
1606. Sulli. [DUC.
1616. Châteauronx, M. LE
1619. Luines.
1620. Briffac.
1631. Richelieu.
1633. Enguien, M. LE DUC.
1634. Fronfac, RICHELIEU.
1635. Saint-Simon.
1637. { La Rochefoucaut. / La Force.
1652. { Rohan-Chabot. / Albret. / Château-Thieri, } DE BOUIL-LON.
1661. { Bourbonois, M. LE D. / Orleans, LE D. D'ORL.
1661. Pinei, LUXEMBOURG.
1663. Eftrées. Grammont. La Meilleraie. Mazarini. Villeroi. Mortemar. Saint-Agnan. Trefme, GESVRES. Noailles. Coiflin.
1665. Aumont.
1667. Vaujour, LA PR. DE CONTI, Legitim. de France.
1672. Nemours, le D. D'ORL.
1690. { Charôt. [DE PARIS. / S. Cloud, L'ARCHEV.
1694. Eu Comté, le Duc DU MAINE. [LEANS.
1695. { Môpenfier, le D. D'OR- / Aumale, le Duc DU MAINE.
1698. Pontiévre, } le C. DE
1703. Château-Vilain. } TOULOU-SE.
1704. Guife, M. LE DUC.
1709. Bouflers.
1710. { Villars. / Harcourt. [BARVIK. / Fitz-James, le D. DE
1711. { Antin. [TOULOUSE. / Rambouillet, le C. DE / Chaulnes.
1714. { Rohan - Rohan. / Joyeufe.
1715. Hoftun - Tallart.
1716. { Villars-Brancas. / Valentinois.
1721. Nevers.
1723. Biron. Levis. La Valiere.

Ducs Non Pairs.

1354. Bar, le D. DE LORRAINE.
1661. Carignan, le Comte DE SOISSONS. [CHEFOUCAUT.
1681. La Rocheguion, LA RO-
1683. Roquelaure.
1688 Beaufort-Monmoranci, le Duc DE LUXEMBOURG.
1689 Duras.
1690. Humieres. [LORGES.
1691. Quintin-Lorges, DE
1696. Châtillon. [MOUTIER.
1707. Roian, le Duc. DE NOIR-

Duc non verifié.

1684. Aubigni de Richemont, le Duc DE RICHEMONT.

MAISON DE LA REINE.

Officiers Ecclefiaftiques.

Grand Aumônier, FLEURI.
Pr. Aumônier, DE TAVANNES.
Un Ordin. DE FONTENAI.
4 autres, I. Q DE CHEVRIE-RES, DE PONTAC, DE S. AULAIRE, DE S. HERMINE.
Chapelains, I Ordin. 4 autres, I. Q.
Clercs de Chapelle, Item, &c.

DAMES.

Chef du Confeil & Sur-Intendante de la Maifon, Mlle. DE CLERMONT.
Dame d'Honneur, la Maréchale DE BOUFLERS.
Dame d'Atour, la Comteffe DE MAILLY.
Dames du Palais, la D. DE TALLART, la Mle DE VILLARS, la D. DE BETHUNE, la C. D'EGMONT, la Princeffe DE CHALAIS, la D. D'EPERNON, les Marquifes DE RUPELMONDE, DE GONTAULT, DE NEELLE, DE MERODE, DE MATIGNON, & D'ALINCOURT.

Femmes de Chambre.

Première, M. BOQUET Epoufe du Sieur Mercier.
Les autres qui fervent par quartier, font M. BIBAULT, DU DIFFANT, DE LA BAUNE, DE LINOIS, DE SORCY, DE BRAGERAC, DE BONVILLIER, GUEDON, MARTIN, LEMOINE, PERRIN, BINET DE S. QUENTIN, CHASTELAIN Veuve Treheux, POIREAU, VILLIER, LELARGE, RIGAULT, DE CLAIRE - MARAY, FOUBERT.

CUISINE.

Maîtres d'Hôtel, Pr. COLBERT DE VILLACERF. I Ordin. FOURNIER. 4 autres, I. Q. GOYON, DE LA PERONIE, DE LA CROIX, DE LA MADELAINE.
Gentilhommes Servans, un Ordin. 12 autres, 3. Q.
2 Control. Généraux, I. S. MERCIER, CHERON. I Ordin. 4 autres, I. Q.

Les Sept Offices.

Les mêmes que chez le Roi.

CHAMBRE.

Huiffiers de la Chambre, I Ordin. 4 autres, I. Q.
2 Huiffiers du Cabinet, I S.
I Garde du Cabinet des Pierreries.
2 Huiffiers de l'Antichambre, I S.
Valets. I Pr. DE LA ROCHE. 2 Ordin. PIDOUX, MOLIERE. 16 autres, 4. Q.
Un Porte - Manteau, DE BREUIL.

M DCC. XXVI.

GARDEROBE.

Le Maître, LAVESCHET DU PARC.
Valets. I Ordin. CRE'TIEN. 2 autres, I. S. PIGRAY, MICHAULT. I Tailleur, I Horlogeur.

OFFICIERS DES FINANCES.

Un Sur-Intendant Génér. de la Maifon, des Finances, Domaine & Affaires, BERNARD.
Un Intendant de la Maifon & Général des Finances, LAMBERT.
2 Secretaires des Commandemens, Maifon, & Finances, DE BROUSSORE', DE LA VIEUVILLE.
Un Treforier Général de la Maifon, LE FEVRE.

CONSEIL.

Le Chancelier, le Marq. DE BRETEUIL.
Le Procureur Général, MENARD.
L'Avocat Génér. TARTARIN.
2 Secretaires, MAUPIN, CHEVALIER.
I Solliciteur d'Affaires, POITEVIN.
I Chaufecire, PREVOST.
I Huiffier, BASTIEN.
I Garde des Livres, Etats & Papiers, BERNAGE.
Un Intendant & Controlleur Général des Bâtimens & Jardins de la Reine, BONTEMS.
4 M^{rs}. des Requêtes, RAUDOT, BOSCHET, BRISSART, LESACHY.
I Secretaire Ordin. GIRARD.

SANTE'.

Pr. Medecin, BOUDIN.
I Medecin du Commun, GERVASY.
Chirurgien du Corps, DE LA FOSSE.
2 Ordinaires. 2 du Commun, I Apotiquaire du Corps, RIQUEUR.
I du Commun.

ECURIE.

Chevalier d'Honneur, le Marquis DE NANGIS.
Ecuyers, Pr. le C. DE TESSE'. I Ordin. 4 autres, I. Q.
I Ecuyer Cavalcadour, DE LA FARGUE.
L'Argentier de l'Ecurie, GRASSOT.
I Gouverneur des Pages, DE BOISDIONE. I Precepteur. I Maître à Danfer, &c. 12 Pages. 18 Grands Valets de Pied. 4 Petits.

ORDRE DE MALTE.

Fondé en 1104.

Il eft divifé en 8 Langues, dont 3 en France, ont 6 Grands Prieurs.
Ire. Provence, 2 Gr. Prieurs, DE TOELLIS DE LA REINAR-DE Gr. Prieur de S. Gilles, & DE COULONGUE DE BERRE Gr. Prieur de Touloufe.
IIe. Auvergne, un Gr. Prieur, DE CHEVRIERS DE SAINT-MAURIS.
IIIe. France, 3 Gr. Prieurs, LE CHEVALIER D'ORLEANS Gr. Prieur de France, THIBAUD DE LA CARTE Grand Prieur d'Aquitaine, CHARBONNEAU DE FORTEGUIERE Gr. Prieur de Champagne.
IVe. Italie, Ve. Arragon, VIe. Angleterre, VIIe. Allemagne, VIIIe. Caftille, Leon & Portugal.
Il y a un Bailliage dans chaque Grand Prieuré.
Le Grand-Maître de l'Ordre a fait fa refidence d'abord à Jerufalem, puis à Margat, enfuite à Acre, à Limiffon, à Rhodes, à Viterbe, & enfin à Malte.

ORDRES DU ROI.

S. MICHEL, inftitué par LOUIS XI. le I Août 1469 Le nombre des Chevaliers eft limité prefentement à 100, non compris ceux du Saint-Efprit, ni les Etrangers.

S. ESPRIT, inftitué par HENRI III. en Decembre 1578. limité à 100 Chevaliers : compris 4 Cardinaux, 5 Prélats & 4 Grands Officiers.

S. LOUIS, inftitué par LOUIS XIV. en 1693. doté à prefent de 450000 liv. de rente.

N.D. DE MONT-CARMEL inftitué en 1608. par HENRI IV. qui y joignit l'Ordre de S. Lazare. Le Grand-Maître, le Duc D'ORLEANS.

Explication des Abregez.

I Ordin. 8. 2. Q fignifie, Un Ordinaire, huit autres, deux par Quartier.
Q fignifie Quartier.
S. . . . Semeftre.
A . . . . Année.
Cap. . . Capitaine.
C. . . . Comte, ou Comteffe.
D. . . Duc, ou Ducheffe.
Marq. . . Marquis.
M. . . Monfieur, ou Madame.
Mlle . . Mademoifelle.
Mle . . la Maréchale.
Me . . Maître.
Pr. . . Premier.
G. & Gr. . . Grand.
Les autres font faciles à expliquer.
Avec Appr. & Privil. du Roy.

GUERRE.

Maréchaux.

1693. Villeroi. 1708. Matignon.
1702. Villars.   1709. Bezons.
1703 { Estrées   { Bioglio.
     { Huxelles { Roquelaure.
     { Tallard. { Dubourg.
1706. Berwik.   { Alégre.

Colonels Généraux.

De l'Infant. D. D'ORLEANS.
De la Cavalerie Légère, le Comte D'EVREUX,
Des Suisses, le D. DU MAINE.
Des Dragons, DE COIGNY.
Lieutenans Généraux, 164.
Maréchaux de Camp, 137.
Brigadiers { d'Infanterie, 187.
           { de Cavalerie, 117.
d'Arm. { de Dragons, 26.
Maréchaux Généraux des Logis, 3.
Directeurs { d'Infanterie, 4.
Généraux { de Cavalerie, 4.
Inspecteurs { d'Infanterie, 8.
Généraux { de Cavalerie, 4.
Un Inspecteur Général de la Gendarmerie.

INFANTERIE.

Regimens François.

6 Regimens vieux, 3 Bataillons chacun.
6 Petits vieux, dont 5 ont 2 Bataillons; mais le Régiment du Roi en a 4.
85 autres Regimens François, dont 17 ont 2 Bataillons; tous les autres n'en ont qu'un.
17 Compagnies Françoises forment un Bataillon. Celles des Grenadiers sont à 45 hommes, & les 16 autres à 40 chacune.
1 Regiment Roïal Artillerie, 5 Bataillons; chaque Bataillon de 8 Compagnies de 100 hommes chacune.

Regimens Etrangers.

8 Regimens Suisses. Dans chaque Regiment 3 Bataillons; chaque Bataillon est de 5 Compagnies de 160 hommes chacune.
1 Regiment Roïal Italien, composé de 12 Compagnies de 50 hommes chacune.
5 Regimens Allemans, dont 1 à 2 Bataillons, & les autres 1. Chaque Compagnie est de 80 hommes.
5 Regimens Irlandois. Les Compagnies n'ont que 30 hommes.
117 Regimens en tout.

Milice ordonnée le 25 Février 1726.

60000 Hommes de Milice, distribuez en 100 Bataillons composez de 12 Compagnies de 50 hommes chacune.

CAVALERIE.

57 Regimens. Chaque Regiment est composé de 8 Compagnies de 35 Maîtres chacune, qui font 2 Escadrons: excepté le Regiment Colonel Général, qui est de 12 Compagnies; le Regiment Roïal des Carabiniers, qui est de 40 Compagnies; & 2 autres Regimens qui n'ont qu'un Escadron.

DRAGONS.

15 Regimens. Chacun de 12 Compagnies. Chaque Compagnie de 41 hommes, dont 20 sont à pied.

GENDARMERIE.

16. Compagnies de 50 hom. chacune, sçavoir 10 de Gendarmes, 6 de Chevaux-Légers; ce qui fait 8 Escadrons.

ARTILLERIE.

Le Grand-Maître, le Duc DU MAINE.
Dans chaque Armée il y a un Lieutenant Général de l'Artillerie.
15 Lieutenans Généraux, aïant chacun un Départem.
42 Lieutenans Provinciaux.
1 Tresorier Général, LANDAIS.
Controleur Général, CAMUS DES TOUCHES.
Secret. Génér. LE BOITEUX.
Commiss. Génér. BERTELOT.

MARINE.

Amiral, le C. DE TOULOUSE.
Vice-Amiral du Ponent, D'ESTRÉES. Du Levant, COETLOGON.
Lieutenans Généraux, 5.
Chefs d'Escadres, 13.
Capitaines { de Vaisseau, 111.
           { D'Artillerie, 6.
           { De Fregate, 35.
           { De Brûlot, 19.
Intendans de Marine, 10.
Commissaires Généraux, 9.

GALERES.

Le Général, LE CHEVALIER D'ORLEANS.
2 Lieutenans Généraux, DE ROIE, ROUANIZ.
3 Chefs d'Escadre, BARRAS DE LA PENNE, D'ANDRAULT DE LANGERON, DE CAMBIS.
13 Capitaines. Un Major, ANDRAULT Comte DE MAULEVRIER.
Un Intendant, ARNOUL DE VAUCRESSON.
2 Commissaires Généraux, BEAUVAIS, BLONDEL DE JOUVENCOURT.
2 Tresoriers Généraux, CORNETTE, ORCEAU DES ARENES.

GOUVERNEMENS DE PROVINCE.

Paris, DE GESVRES.
Isle de Fran. le C. D'EVREUX.
Picardie, D'ELBEUF.
Champagne, DE ROHAN.
Bourgogne, Mr. LE DUC
Dauphiné, le D. D'ORLEANS.
Provence, VILLARS.
Languedoc, le D. DU MAINE.
Foix, &c. SEGUR.
Basse Navarre, GRAMMONT.
Guienne, le Comte D'EU.
Saintonge, USEZ.
Aunix, GACE' MATIGNON.
Poitou, le Prince DE CONTI.
Bretagne, le C. DE TOULOUSE.
Normandie, LUXEMBOURG.
Le Havre, SAINT-AGNAN.
Maine, FERVAQUES.
Orleanois, D'ANTIN.
Nivernois, le D. DE NEVERS.
Bourbonois, LA VALIERE.
Lyonois, le Mal VILLEROI.[
Auvergne, BOUILLON.
Lymosin, BERVIK.
Marche, SAINT-GERMAIN-[BEAUPRE'.
Berri, D'ARPAJON.
Touraine, le Comte DE CHA-[ROLOIS.
Anjou, le Prince LAMBESC.
Saumurois, le C. D'AUBIGNE'.
Flandres, BOUFLERS.
Dunkerque, GRANCEY.
Metz & Verdun, D'ALEGRE.
Toul, le Marq. DE CRESSI.
Alsace, D'HUXELLES.
Franche-Comté, TALLARD.
Roussillon, NOAILLES.
Amérique, Viceroi, ESTRE'ES.
Isles du Vent, DE FEUQUIE-[RES.
Isles sous le Vent,

LA JUSTICE.

CONSEILS DU ROI.

Le Chancelier, DAGUESSEAU.
Garde des Sceaux, D'ARMENONVILLE.
Conseils. D'Etat. De Marine. De Finances.
4 Secretaires d'Etat.
La Maison du Roi. La Marine, le Comte DE MAUREPAS.
Les Affaires Etrangeres, le Comte DE MORVILLE.
La R. P. R. le Comte DE SAINT-FLORENTIN.
La Guerre, LE BLANC.
Conseillers d'Etat, 21 Ordin. [dont 3 d'Eglise & 3 d'Epée] 12 Semestres.
Maîtres des Requêtes 88, 22 Q.
Un Contrôleur Génér. des Finances, PELETIER DES FORTS.
5 Intendans, FAGON, D'ORMESSON, DE GAUMONT, DE BAUDRY, AMELOT DE CHAILLOU.

GRAND-CONSEIL.

Presid. Un Pr. VERTAMONT.
8 autres, DUREI DE VIEUCOURT, MASCRANY DE PAROY, LE VAYER, DU PUIS, ROUILLE' DE S. SEINE, DE LA MICHODIERE DE ROMENE, LE FEVRE D'EAUBONE, DE GRASSY. 54 Conseillers, 27 par s. 2 Avocats Génér. DE LATRE-D'OBY, N. Procureur Génér. MERAULT. 12 Substituts. Un Greffier en Chef, VERDUC. 4 autres. Huissiers; un Pr. 20 autres. 23 Procureurs,

SECRETAIRES DU ROI, 240.

GRDE. CHANCELLERIE.

4 Gr. Audienciers, MEGRET, LANGLOIS, N. , OGIER.
4 Contrôleurs Généraux de l'Audience, FENEL, HOUDIART, BENOIST, FRETEAU.
4 Gardes Rôles des Offices de France.
4 Conservateurs des Hipotéques, des Rentes sur la Ville.
4 Gardes Dépositaires des Minutes des Expéditions de la Chancellerie. 1 Tresorier Génér. du Sceau, BELLANGER.
4 Chaufecires. 4 Huissiers à la Chaîne.

LE PARLEMENT DE PARIS,

Sédentaire en 1304.

Il est composé de 10 Chambres. La Grande. Un Pr. Président, PORTAIL. 9 autres, LAMOIGNON, AMELOT, LE PELLETIER, LONGUEIL, MAUPEOU, CHAUVELIN, BLANCMENIL, D'ALIGRE, PORTAIL. Conseillers, 12 Clercs, 21 Laïcs.
3 Greffiers Plumitifs.
5 Chambres des Enquêtes, 3 Presidens & 28 Conseillers à chacune
Tournelle Civile, 5 Presid. 26 Conseillers.
Criminelle, 5 Presidens, 18 Conseillers.
2 Chambres des Requêtes, 3 Presidens, 12 Conseillers à chacune.
3 Avocats Généraux, GILBERT, DAGUESSEAU, TALON. Procureur Général, JOLLI DE FLEURI. 18 Substituts.
3 Greffiers en Chef. Civil. Criminel. Des Presentations.
4 Notaires, & Secretaires de la Cour. Greffiers-Commis, un à chaque Chambre. Un Pr. Huissier, 28 autres. Avocats sans nombre. 400 Procur. 3 Receveurs des Consignations. 4 Commissaires aux Saisies-réelles.

SUITE DE LA IIᵉ TABLE DES PRINCIPAUX OFFICES DE FRANCE.

Autres Parlemens.

Toulouse, 1453.
Grenoble, 1453.
Bordeaux, 1462.
Dijon, 1476.
Roüen, 1499.
Aix, 1505.
Rennes, 1553.
Pau, 1620.
Metz, 1633.
Besançon, 1676.
Doüai, 1713 ou 14.

Conseils Superieurs.

Conseil Provincial
D'Arras, 1530.
Perpignan, 1650.
Colmar, 1698.

CHAMBᵗᵉ DES COMPTES DE PARIS.

Un Pr. Président, NICOLAŸ; 12 autres, DE PARIS, SEGUIN, BRUNET, NIGOT, DU METZ, LE MAIRAT, SALABERI, LANGLOIS, MALLET, PECQUOT, FRAGUIER, GILBERT.
78 Maîtres, 38 Correcteurs.
82 Auditeurs.
Un Avocat Gén. DE MASSOL. Un Procureur Génér. FOURQUEUX. Un Substitut, DES FORGES. 2 Greffiers en Chef, NOBLET, BEAUPIED. 1 Greffier Plumitif, DOMILIER, 1 Premier Huissier, LARDIER; 30 autres. 1 Garde des Registres, DE MONTCRIF. Un Contrôleur Génér. des Restes, TARTEL. 29 Procureurs. 1 Commis à la Recette des Epices, &c.

Autres Chambres des Comptes.

Dijon, Grenoble, Aix, Montpellier, Pau, Nantes, Roüen, Dole, Blois.

COUR DES AIDES DE PARIS.

Prem. Président, LE CAMUS; 9 autres; distribuez en trois Chambres.
Iʳᵉ Chambre, RICARD, MOREL DU MEIX, SAULNIER.
IIᵉ, BECHET, PETIT DE LEUDEVILLE, RENOUARD.
IIIᵉ, CHAMPERON, N. N.
52 Conseillers, partagez dans les Chambres.
3 Avocats Génér. DELPECH, BELANGER, MAIGRET.
Un Procureur Génér. BOSC.
4 Substituts, 2 Greffiers en Chef, ROBERT, OLIVIER, &c.

Autres Cours des Aides.

Clermont-Ferrand, Bourdeaux, Montauban.
Les autres Cours des Aides sont unies aux Parlemens, ou aux Chambres des Comptes.

DEUX COURS DES MONNOIES.

De Paris en 1551.
1 Pr. Président, HOSDIER. 8 autres, CHENART, GINESTE, LEGIER, LAMBERT, AYMIER, HAZON, LE MARCHANT DE LA MAIRIE, DE FLEURANCE. 34 Conseillers, 2 Avocats Génér. 1 Procureur Général, 2 Substituts, 1 Greffier en Chef, 1 Pr. Huissier, 11 autres. *Prevôt Général des Monnoies,* LANGLOIS DU FRETOY, 4 Lieutenans, 1 Proc. du Roi, 1 Assesseur, 1 Greffier en Chef, 6 Exempts, 40 Archers.
De Lyon créée en 1704.
Un Premier Président, DE SEVE; 6 autres, &c.

Officiers Généraux des Monnoies de France.

Directeur Génér. GRASSIN.
Tresorier Gén. LE NORMANT.
Contrôleur Général, CHAUVETON DE VOUET.
Directeur Particulier de la Monnoie de Paris, RENARD DU TASTA.

TRESORIERS DE FRANCE.

Cette Cópagnie est composée de 2 Chambres. Du Bureau des Finances. Du Domaine.
Presidens en titre d'Office.
Pr. DE MASSOL, II. VIGNERON; 4 autres, HENAULT, BULTEAU, DE LESSARDS, TRIBOULEAU.
36 Tresoriers, 1 Avocat & 1 Procureur du Roi dans chacune. Un Greffier en Chef pour les 2 Chambres, ISSALY. 1 Prem. Huissier, 10 autres.
4 Commiss. Gén. de la Voirie.
Les Presidens & Tresoriers servent par Semestre dans chacune des deux Chambres.

LA TABLE DE MARBRE

comprend trois Chambres: La Conétablie, l'Amirauté, les Eaux & Forêts.

LA CONNE'TABLIE.

Le Connétable & les Maréchaux de Fráce sont les Chefs.
Lieutenans; 1 Général, LEFEVRE. 1 Particulier, CHASTELAIN DE MORONVAL.
1 Proc. du Roi, LEMAISTRE.
1 Greff. en Chef, MAZELINE.

Prevôté Générale.

Grand Prevôt Général, LIDO DE CHEVERON.
3 Lieutenans d'Epée.
1 Assesseur, TOURAILLES.
1 Proc. du Roi, DESFORGES.
1 Greffier, AUDRAY DE LONGCHAMP. 4 Exempts, 48 Gardes.
Prevôt Génér. de l'Isle de France, LE BRUN DE S. VALLYER.

M. DCC. XXVI.

L'AMIRAUTE'.

LE COMTE DE TOULOUSE en est le Chef.
Lieutenans, 1 Génér. BIGOT. 1 Criminel DE BRUSSEL. 1 Particulier, N.
6 Conseillers. 1 Procureur du Roi. 1 Substitut. 1 Premier Huissier, 6 autres.

LES EAUX ET FORESTS.

18 Gr. Maîtres en 18 Départemens. *Celui de Paris,* DE LA FALUERE.

Chambre des Eaux & Forêts de France.

1 Lieutenant Génér. DE LA VAIGNE. 1 Lieut. Particulier, DE MONTBAYEN. 7 Conseillers. 1 Proc. Gen. LE SECQ DE SAINT-MARTIN. 1 Avocat Général, PINTREL-DESBIEZ, &c.

Maîtrise Particuliere de Paris.

1 Maître, DAULMOY. 1 Lieutenant. 1 Garde-Marteau. 1 Procur. du Roi, &c.
Il y a encore dans l'Enclos du Palais le Baillage du Palais, la Massonnerie, la Basoche, & l'Election.

CHATELET DE PARIS.

Prévôt, DE BULLION.
Lieutenant Civil, D'ARGOUGES. De Police, HERAULT. Criminel, LE COMTE.
2 Lieutenans Particuliers, LE NOIR, DELAAGE.
Un Lieutenant Criminel de Robe Courte, BACHELIER-DUMONCEL. Un Conseiller d'Epée; 52 autres. Un Procureur du Roi, MORZAU. 4 Avocats du Roi, ROUILLE' D'ORFEUILLE, CHAUVELIN, MAIGRET, POITEVIN. 2 Greffiers en Chef, TARDIVEAU, CUIRET.
48 Commissaires: 113 Notaires: 218 Procur. 120 Huissiers, &c. 3 Compagnies pour la sûreté de Paris. Du Lieutenant Criminel de Robe Courte. Du Chevalier du Guet. Du Guet à Cheval.

LE GRENIER A SEL,

Est une Jurisdiction établie pour juger en premiere instance des Contestations qui arrivent au sujet des Gabelles.

MAISON DE VILLE.

Gouverneur, DE GESVRES.
Lieutenant de Roi, BRETONVILLIERS. Prévôt des Marchands, LAMBERT. Avocat & Proc. du Roi, MORIAU. 4 Echevins, &c. 3 Compagnies d'Archers de Ville, de 100 hommes chacune; sans leurs Officiers.

LES JUGE ET CONSULS

des Marchands sont élûs tous les ans. On prend le Juge parmi les Anciens Consuls; & les 4 Consuls sont tirez des 6 Corps des Marchands, qui sont les DRAPIERS, EPICIERS ET APOTIQUAIRES, MERCIERS-JOUAILLIERS-QUINQUAILLIERS, PELLETIERS, BONNETIERS, ORFEVRES.
Les Libraires, les Marchands de Vin, de Bois & de Laine parviennent aussi au Consulat & à l'Echevinage.

GENERALITEZ.

Il y a en France 30 Généralitez & 30 Intendances, qui comprennent 161 Elections. Les Intendans ont été établis en 1635.

SCIENCE.

Il y a dans le Royaume 20 Universitez.
Celle de Paris a été instituée sur la fin du onzieme siecle. Elle est composée de 4 Facultez. De Theologie. Des Droits. De Medecine. Des Arts.

Autres Universitez.

Toulouse, en 1228.
Montpellier, 1289.
Orleans, 1312.
Cahors, 1338.
Perpignan, 1349.
Angers, 1364.
Orange, 1365.
Aix, 1409.
Poitiers, 1431.
Caën, }
Valence, } 1452.
Nantes, 1460.
Bourges, 1465.
Bordeaux, 1473.
Strasbourg, 1538.
Reims, 1548.
Douay, 1562.
{ Dole, en 1426, } unies
{ Bezançon, 1564, } en 1691.
Dijon, 172.

Academies à Paris.

College Royal, fondé en 1531.
Academie Françoise 1635.
Des Inscriptions 1663.
Des Sciences 1666.
De Peinture & de Sculpture.
D'Architecture 1671.

Autres Academies.

A Arles 1669.
Soissons 1669.
Villefranche 1679.
Nîmes 1682.
Angers 1685.
Toulouze 1694.
Caën 1706.
Montpellier 1706.
Bourdeaux 1613.
Lyon 1724.
Marseille.

Avec Appr. & Privil. du Roy.

FRANÇOIS I. HERETIQUES BRULEZ.

FRANÇOIS I. faisoit accueil aux Sçavans. Luther & Zuingle desirant établir en France leur doctrine, y firent passer des gens habiles en Grec & en Hébreu, dont les explications sur la Bible furent bien reçûes des beaux Esprits. Les Arrêts du Parlement rendus contre ces nouveaux Docteurs les obligerent de fuir. Marguerite de Valois Sœur du Roi, mariée au Roi de Navarre, les reçut, & donna l'Evêché d'Oleron à l'un d'eux. Elle venoit souvent en Cour, & faisoit son possible, pour faire approuver ses opinions au Roi. Elle l'engagea à entendre Le Coq Curé de S. Eustache, & à écrire à Mélancton de venir en France. Les Cardinaux de Tournon & de Lorraine le firent contremander.

Le Roi offensé des blasphêmes prononcez contre le Saint Sacrement, le fit porter en 1535 à une Procession solemnelle, où il assista, & jura de maintenir l'ancienne Religion. En effet, on poursuivoit vivement les Hérétiques, & l'on brûloit à petit feu ceux qu'on pouvoit attraper.

HENRI II. La funeste Bataille de Saint-Quentin, donnée le 10 Août 1557 (bataille qui pouvoit perdre la France, si Philippe II. Roi d'Espagne eût sçû profiter de cet avantage) enhardit les Huguenots à faire des assemblées, & à chanter publiquement les Pseaumes de Marot. On fit la Paix le 3 Avril 1559. Le 10 Juin suivant le Roi vint au Parlement, pour l'obliger à tenir la main à ses édits contre les Huguenots, & fit arrêter cinq conseillers qui, malgré sa presence, n'avoient pas laissé d'opiner à la douceur.

FRANÇOIS II. CONJURATION D'AMBOISE, 1560.

HENRI II. étant mort le 10 Juillet 1559, François II, ou plûtôt Catherine sa Mere, mit toute l'autorité entre les mains du Duc de Guise & du Cardinal de Lorraine son Frere, & éloigna de la Cour, sous divers prétextes, les Princes du Sang qui étoient Huguenots, & qu'elle appréhendoit plus que les Guises. Les Guises étant un obstacle à l'Etablissement de la nouvelle Religion, on resolut de s'en défaire. Le Prince de Condé se déclara Chef de l'Entreprise, & nomma La Renaudie pour agir en son nom. 1500 Hommes sous 30 Capitaines devoient se rendre à Blois, où étoit la Cour, & se saisir du Logis du Roi. Les Guises avertis firent aller la Cour à Amboise, & plusieurs Conjurez qui s'y rendoient par diverses routes furent arrêtez : La Renaudie fut tué en tâchant de rallier ses Gens ; & son corps fut pendu & mis en quartiers. Plus de 1200 Personnes furent suppliciées pour ce sujet.

1560. LE PRINCE DE CONDÉ ARRESTÉ.

LES Etats aïant été convoquez à Orleans, le Prince de Condé se rendit en cette Ville, & y fut arrêté. On lui donna des Commissaires, & il fut condamné à avoir la tête tranchée : mais les Medecins aïant déclaré que le Roi n'avoit plus guere à vivre, la Reine crut que le moïen d'établir son autorité étoit de conserver les Chefs des Catholiques & des Huguenots, de crainte que si les uns ou les autres se voïoient sans rivaux, ils ne se passassent d'elle. Elle fit donc promettre à Antoine Roi de Navarre de lui ceder la Régence ; & le Roi étant mort le 5 Decembre, le Prince eut dès ce jour toute liberté de sortir de prison.

CHARLES IX. ANTOINE FAIT LIEUTENANT GENER.

ANTOINE Roi de Navarre délivré des mains de la Reine, soutint que des promesses forcées ne l'engageoient pas. La Reine, de crainte de tout perdre, lui fit donner le titre de Lieutenant Général en 1561.

Dès là les Huguenots se crûrent les maîtres. Antoine dit ouvertement que devant qu'il fut un an, on prêcheroit le pur Evangile dans tout le Roïaume. Les Princes & l'Amiral firent faire le prêche dans les chambres qu'ils avoient au Château de Fontainebleau. ANNE DE MONTMORENCI Conétable indigné de voir l'heresie triompher si hautement, resolut de sacrifier ses ressentimens particuliers à la conservation de la Religion. Il se raccommoda avec le Duc de Guise : & à l'union de ces deux grands Hommes, & du Maréchal de Saint-André, fut nommée TRIUMVIRAT.

A PARIS, Chez RONDET, Libr. Impr.

1561. COLLOQUE DE POISSI.

ON avoit souvent parlé d'un Concile national. En attendant qu'il pût se tenir, on convint d'une conférence entre les Prélats Catholiques & les Ministres. Elle commença à Poissi le 4 Sept. & finit le 25 Nov. 1561, lorsque les esprits se trouverent si fort aigris, qu'on n'étoit plus capable que de se quereller. Les Huguenots aïant eu pour la premiere fois la liberté de disputer des articles controversez de leur Religion, crûrent qu'ils avoient celle d'en faire l'exercice. Ils commencerent donc d'ouvrir des Temples dans toutes les Provinces.

LE ROI DE NAVARRE A LA TESTE DU TRIUMVIRAT.

ANTOINE fut gagné par les Triumvirs, & obligea la Reine de chasser les Collignis. Elle le fit ; mais elle leur promit de s'entendre avec eux & avec le Prince. Les Huguenots jugeant d'elle par les apparences la décriérent. Les Catholiques aïant découvert son intelligence, la craignirent, & firent bien des choses sans elle. La Reine voïant les deux Partis se fortifier à Paris, apprehenda de demeurer à la discretion de l'un des deux, & emmena le Roi à Monceaux.

1562. PREMIERE GUERRE.

LE Duc de Guise passant par Vassi le 1er Mars, y entendit la Messe. Les Huguenots assemblez dans une grange proche l'Eglise chantoient les Pseaumes de Marot. Sur ce que les Gens du Duc les voulurent faire taire, on s'échauffa de part & d'autre. Le Duc étant sorti pour mettre les hola, fut blessé d'un coup de pierre à la joüe. Ses domestiques le voïant tout en sang se ruérent sur les Huguenots, en tuerent quelque 60, & en blesserent environ 100. Cela fut nommé LE MASSACRE DE VASSI. Le Duc de Guise étant à Paris s'en assura, & obligea le Roi de Navarre d'aller à Fontainebleau, où étoit le Roi, & de le ramener à Paris malgré la Reine. Les Huguenots resolurent la Guerre sous prétexte de tirer le Roi de captivité. Ils se rendirent maîtres d'Orleans & d'un grand nombre d'autres Villes. On vit les Provinces remplies de ruines, de cendre & de carnage ; les Catholiques & les Huguenots étant cruellement acharnez les uns contre les autres. Parmi les Huguenots, le Baron des Adrets se distingua par ses inhumanitez.

1562. SIEGE DE ROUEN.

LE PRINCE de Condé aïant livré le Havre à la Reine Elizabeth pour 8000 hommes qu'elle lui envoïa, la crainte de perdre toute la Normandie fit entreprendre le siége de Roüen. Cette Ville, après une resistance de cinq semaines, fut prise d'assaut le 25 Octobre, & mise au pillage pendant quelques jours. Antoine Roi de Navarre fut blessé à ce siége, & mourut un mois après sa blessure le 17 Nov. âgé de 35 ans.

1562. BATAILLE DE DREUX, le 20 Decembre.

PENDANT que la Cour étoit en Normandie, le Prince vint assieger Paris ; mais l'entreprise ne lui réussit pas, & il fut obligé de se retirer. Les Troupes du Roi le suivirent, & l'obligerent à en venir à une bataille près de Dreux. Le Conétable & le Prince y furent pris. Le Maréchal de Saint-André fut pris aussi, & tué de sang froid. Le Duc de Guise eut tout l'honneur de cette journée. Il resta sept ou huit mille morts sur le champ de bataille, tant de part que d'autre.

1563. MORT DU DUC DE GUISE, le 24 Fevrier, six jours après sa blessure, âgé de quarante-quatre ans.

APRE'S cette Victoire, le Duc alla mettre le Siége devant Orleans, voulant, disoit-il, écraser le dragon de l'heresie par la tête : mais Poltrot pauvre Gentilhomme de 25 à 26 ans, qui s'étoit presenté à lui comme abandonnant le Parti Huguenot, & qui en avoit été bien reçû, l'attendit derriere une haie, un soir qu'il revenoit peu accompagné, & lui tira un coup de pistolet dans l'épaule, dont les bales étoient empoisonnées. Ce malheureux courut toute la nuit ; & cependant il se trouva le lendemain dans le camp, à demi lieüe d'Orleans. Il fut pris dans une grange, où il s'étoit allé jetter pour se reposer, & tiré à quatre chevaux. A la mort il chargea l'Amiral & le Ministre Beze. La PAIX se fit le 18 Mars 1563.

rüe S. Jacques, au Compas.

1567. SECONDE GUERRE.

LA Reine devenuë toute Catholique & amie des Guiſes, mena le Roi viſiter ſes Provinces du Roïaume. Elle vit le Vice-Legat à Avignon, la Reine d'Eſpagne ſa fille à Baïonne. D'ailleurs le Roi d'Eſpagne levoit des Troupes. Tout cela joint au refus de la Lieutenance génétale qu'on avoit promiſe au Prince, & à laquelle Monſieur lui défendit fort aigrement de penſer, acheva de le déterminer à reprendre les armes.

1567. ENTREPRISE DE MONCEAUX, en Septemb.

LES P. R. aïant aſſemblé des troupes ſecretement, un jour que la Cour étoit à Monceaux, & ne ſongeoit qu'à ſe divertir, on vint dire que le Prince venoit l'inveſtir. Elle ſe retira à Meaux, où l'on fit venir 6000 Suiſſes, dont le Connétable forma un Bataillon, à la faveur duquel on ſe mit de nuit en chemin pour venir à Paris. Le Prince parut à la pointe du jour, & tâcha d'enfoncer le Bataillon ; mais inutilement : outre que le Roi l'avoit quitté, & avoit pris un chemin détourné, par lequel il arriva heureuſement à Paris.

1567. BATAILLE DE SAINT-DENIS, 10 Novemb.

LES Huguenots s'étant ſaiſis des avenuës de Paris, & arrêtant les vivres, le Connétable piqué de ce que les Pariſiens diſoient qu'il s'entendoit avec l'Amiral Coligni fils de ſa ſœur, reſolut de les chaſſer de leurs logemens. Le Corps où il commandoit fut mis en déroute, & lui preſque abandonné de tous les ſiens. Il combattit pourtant vaillamment, & reçut ſix bleſſures, dont il mourut le lendemain, âgé de 75 ans. La nuit mit fin au Combat, & ſauva les Huguenots, qui étoient défaits à une de leurs aîles, & fort ébranlez à l'autre. Ils eurent pourtant tout l'honneur de cette journée, mais le champ & les dépoüilles demeurerent aux Catholiques. Cinq jours après la bataille, les Huguenots craignant d'être envelopez, reprirent le chemin de Montreau. Le Prince Palatin leur aïant fourni des troupes, on fit un Traité à Lonjumeau le 2 Mars 1568, qu'on apella LA PETITE PAIX, parce que l'intention des traitans n'étoit que de prendre leurs avantages.

1568. TROISIEME GUERRE, en Septembre.

D'UNE part pluſieurs villes, auxquelles la Rochelle donna l'exemple, refuſerent de recevoir garniſon. De l'autre, on entreprit d'arrêter le Prince & l'Amiral, qui étoient en Bourgogne ; mais qui en aïant eu avis, s'enfuirent à la Rochelle. Ils ſe rendirent maîtres de la plûpart des Villes de Poitou, de Saintonge & d'Angoumois, où il fut exercé mille cruautez.

1569. BATAILLE DE JARNAC, le 13 Mars.

L'ARMÉE du Roi commandée par Monſieur, s'avança vers la Charante, & défit les Ennemis à Jarnac. Devant que de venir à la chârge le Prince avoit eu la jambe caſſée d'un coup de pied de cheval. Il ne laiſſa pas d'agir, diſant qu'il n'avoit beſoin que de bras pour bien combattre. Dans la bataille, aïant été envelopé, il ſe rendit ; mais Monteſquiou Capitaine des Gardes du Duc d'Anjou le tua tout roide, d'un coup de piſtolet. Il étoit âgé de 39 ans, petit & contrefait de corps, mais l'eſprit grand. Il n'y eut que la Cavalerie qui combattit. Il ne demeura que 5 ou 600 hommes ſur la place du côté du Prince ; mais le nombre des priſonniers ſurpaſſa celui des morts. Les Roïaux perdirent 2 ou 300 des leurs.

1569. BATAILLE DE MONCONTOUR, le 3 Octobre.

LES P. R. étoient portez à ſe battre par la néceſſité & le deſeſpoir, & Monſieur par le deſir d'acquerir de la gloire, & parce qu'il ſe voïoit plus fort d'un tiers. Le combat dura deux heures. Les P. R. perdirent 9000 hommes, ſans les goujats, toute l'artillerie, & la plus grande partie du bagage. Après cette bataille, Monſieur s'attacha mal-à-propos au ſiége d'Angeli, qui l'arrêta plus de deux mois, & coûta plus de 10000 hom. La Place ſe rendit par Capitulation. La Reine, pour venir à ſes fins, fit parler de Paix, & accorda des conditions très-avantageuſes. Elle fut concluë le 15 Août 1570.

1572. NOCES D'HENRI ROI DE NAVARRE, le 18 Août.

L'AMIRAL ſe tenoit à la Rochelle ; mais on le leurra ſi bien par de beaux ſemblans d'amitié, qu'il vint à Blois ſe jetter aux pieds du Roi.

Le Roi le combla de careſſes, & le vit depuis avec tant de marques de confiance, que la Reine & Monſieur craignirent que ce qui n'étoit qu'une feinte d'abord, ne fût changé en vérité. Le Roi voulut que ſa ſœur Marguerite fut mariée avec le Roi de Navarre. Les P. R. regarderent cela comme une marque indubitable de la bonne volonté du Roi pour eux, ainſi il en vint quantité à la cérémonie.

1572. SAINT-BARTHELEMI, le 24 Août.

L'AMIRAL ſortant du Louvre le 21 Août, ſur les dix heures du matin, reçut un coup d'arquebuſe, qui lui caſſa un doigt, & lui froiſſa l'os du bras. Le Roi l'alla voir des l'après-dînée, accompagné de la Reine & de Monſieur, & jura qu'il tireroit une veugeance éclarante de cet attentat.

La réſolution priſe d'exterminer tous les Huguenots, à la réſerve du Roi de Navarre & du Prince de Condé ; les Guiſes commencérent par l'Amiral, & Téligni ſon gendre.

Le maſſacre dura ſept jours à Paris. On n'épargna ni les vieillars, ni les enfans, ni les femmes groſſes. De cinq ou ſix cens Gentilshommes qui perirent, il n'y eut que Guerchy qui mourut l'épée à la main ; & de ſix à ſept cens maiſons qui furent ſaccagées, il n'y en eut qu'une qui fit reſiſtance. Quantité de Catholiques furent enveloppez dans ce deſordre. C'étoit être Huguenot que d'avoir de l'argent ; un poſte envié, des ennemis, ou des héritiers affamez. Cette tempête courut toute la France deux mois durant, & emporta près de vingt-cinq mille hommes. Elle fut plus ou moins ſanglante, ſelon les lieux où les Huguenots étoient en plus grand nombre, ou plus forts, ou plus foibles. A Toulouſe il y eut cinq Conſeillers de pendus à un orme qui étoit dans la cour du Palais. Le Roi croïant les Proteſtans trop abattus par les maſſacres pour ſe pouvoir relever, & la Reine s'amuſant à emploïer les ruſes & les intrigues pour dompter ce qu'il en reſtoit, ils reprirent courage. Leurs forces augmentant de jour en jour, on envoïa trois Armées contre eux.

1572. QUATRIEME GUERRE.

ON s'attacha particulierement à la Rochelle. On fut 8 mois devant cette Ville. Le Duc d'Anjou y perdit 12000 hommes. Enfin ce Duc aïant été élû Roi de Pologne, on accorda un nouvel EDIT DE PACIFICATION le 25 Juin 1573, pour n'avoir pas la honte de lever le ſiége en préſence des Ambaſſadeurs Polonois. Sancerre ville de Berry ſe ſignala par ſon opiniâtreté. Elle ſoutint un ſiége de ſept mois, & la famine la plus affreuſe ; juſques-là qu'on y ſurprit un pere & une mere mangeant leur propre fille, qui étoit morte de faim. L'arrivée des Ambaſſadeurs de Pologne au commencement du mois d'Août, lui fit donner compoſition le 19 du même mois ; mais elle ne put obtenir l'exercice public de la Religion P. R. qu'on avoit accordé à la Rochelle, à Niſmes, & à Montauban.

1574. CINQUIEME GUERRE.

LE Roi de Pologne partit le 27 Septembre 1573 pour ſe rendre dans ſon nouveau Roïaume. Le Duc d'Alençon aïant promis ſa protection aux Proteſtans, ils reſolurent de reprendre les armes le 10 Mars 1574, & le même jour de s'approcher de Saint-Germain ; où étoit la Cour, avec le plus de cavalerie qu'ils pourroient ; pour emmener le Duc d'Alençon & les deux Princes qu'on tenoit comme priſoniers. La Cour avertie de ce deſſein, ſortit en deſordre de Saint-Germain, & mit trois Armées ſur pied, pour détruire les Réformez, en Normandie, en Poitou, & en Languedoc.

Cependant le Roi vint à mourir le 30 May 1574. Le Roi de Pologne en aïant eu avis, ſortit ſecretement de Cracovie la nuit du 18 au 19 Juin, & arriva au Pont de Beauvoiſin le 5 Septembre. Il fut ſacré à Reims le 15 Fevrier 1575, à pareil jour qu'il l'avoit été l'année precedente à Cracovie, & vint enſuite à Paris. Les Députez des Proteſtans & des Politiques s'y rendirent pour parler de Paix ; mais leurs demandes aigrirent la Cour. Le Duc d'Alençon s'en échappa le 15 Septembre. Le 22 Decembre on publia une Treve de ſix mois. Sur la fin de Fevrier 1576, le Roi de Navarre s'évada auſſi de la Cour. Enfin le 15 May 1576, on fit UNE PAIX très-avantageuſe aux Prétendus Réformez.

Avec Appr. & Privil. du Roy.

1577. PREMIERE GUERRE.
HENRI III. CHEF DE LA LIGUE.

LE 5e Edit de Paix trop favorable aux Réformez, fit éclo-re le projet de la Ligue qui étoit formé depuis long-tems. Elle se vit tout d'un coup assez puissante pour faire révoquer cet Edit, dans les Etats assemblez à Blois, dont l'ouverture se fit le 6 Decembre 1576. Le Roi n'osant entreprendre d'oprimer cette Faction, s'en déclara le Chef, & devint ainsi ennemi d'une partie de ses Sujets. On auroit ruiné les Réfor-mez, si on eût voulu les poursuivre vigoureusement ; mais la Reine, qui ne vouloit la Guerre que pour avoir des affai-res, & non pour en sortir, fit faire la Paix au commence-ment d'Octobre 1577.

1578. SECONDE GUERRE, dite des Amoureux.

A PEINE y avoit-il huit mois que la Paix duroit, que la Reine, Monsieur, & les Guises s'en ennuïerent. La Reine Mar-guerite desirant aussi la Guerre, poussoit son mari, par le moïen des Dames, à ne pas rendre les Places de sûreté que le Roi redemandoit. Elle mit tout en œuvre auprès du Vi-comte de Turenne pour réüssir dans ce dessein, & en effet la Guerre fut renouvellée.

Les Huguenots y perdirent quantité de bonnes Places, & auroient été ruinez, si on eût voulu les pousser ; mais Mon-sieur aïant besoin des forces des deux Partis pour les Païs-Bas, fit faire la Paix en 1580. Paix qui fut plus funeste à l'Etat, que toutes les Guerres précédentes ; car les deux Rois de France & de Navarre se plongerent dans les voluptez.

TROISIEME GUERRE, dite des trois Henris.

MONSIEUR étant mort le 10 Juin 1584, âgé de trente-un an, la Reine travailla à assurer la Couronne aux enfans de la Duchesse de Lorraine sa fille, & le Duc de Guise y songea pour lui-même ; mais n'osant se déclarer, à cause de l'affe-ction qu'ont les Peuples pour les Princes du Sang, il se servit du vieux Cardinal de Bourbon, qui n'avoit peut-être pas moins de droit au Trône qu'Henri son neveu. Il re-nouvella la Ligue, s'assura des Places des Huguenots & des Catholiques, & fit mine de venir à Paris. Le Roi étonné, accorde de grands établissemens à ceux de son parti, & l'E-dit de Juillet 1585, par lequel l'exercice de la Religion prétenduë Réformée fut défendu.

Outre cela le Roi de Navarre & le Prince de Condé furent excommuniez par Sixte V. Ces Princes assemblerent bien-tôt des forces assez grandes pour résister à celles qu'ils avoient en tête : il ne se passa pourtant rien de mémorable en 1585 & 1586.

1587. BATAILLE DE COUTRAS le 20 Octobre.

LE ROI effraïé du grand nombre d'Allemans qui venoient au secours des Huguenots, fit ce qu'il put pour porter le Duc de Guise à la Paix ; mais il n'y gagna rien, & il fallut se résoudre à la Guerre. Le Roi de Navarre partit de Guienne pour aller joindre les Allemans sur les bords de la Loire. Le Duc de Joyeuse le poursuivit, & l'atteignit près de Coutras. La Bataille se donna, & fut funeste au Duc. Lui & son frere, tous les Chefs & 5000 hommes y périrent. Canon, Baga-ge, Enseignes, tout fut pris. Le Vainqueur usa honnêtement de la Victoire, & se retira en Gascogne, sans rien entrepren-dre, ne voulant peut-être pas trop offenser le Roi, ou vou-lant aller trouver la Comtesse de Guiche sa Maîtresse.

1587. DE'FAITE DES ALLEMANS à Auneau le 14 Mars.

D'AUTRE part le Duc de Guise surprit à Auneau en Beauce les Allemans qui y étoient logez, & étonna si fort les autres par là, qu'ils prirent le parti de s'en retourner. Mais au lieu qu'ils étoient venus 35 à 40 mille, il n'en rentra pas 4000 au païs, tant Maîtres que Valets ; encore étoient-ils si ha-rassez, qu'il n'y en eut que très-peu qui purent résister à tant de fatigue & de honte. Le Duc de Guise reçut de grandes loüanges de cette Victoire ; ce qui lui aïant enflé le courage, il ne put porter patiemment que le Roi eût donné la dépouille de Joyeuse à Epernon son ennemi. Il presenta donc une Re-quête qui découvroit le dessein qu'il avoit de gratifier le Roi d'Espagne & le Pape.

1588. BARRICADES le 12 & 13 Mai.

LE DUC d'Epernon pensant ruiner la Ligue, & faire per-dre le credit du Duc de Guise, porta le Roi à punir les plus échaufez des SEIZE*, pour avoir excité quelques séditions, &c.

Les Seize avertis, manderent le Duc de Guise, qui vint à Paris contre l'ordre du Roi. Le Roi ordonna aux Etrangers de sortir de Paris, & voulut faire visiter les maisons. Les Pa-risiens s'opposant à cette visite, il plaça des gens de guerre en plusieurs endroits de la Ville. Les Ligueurs en enveloperent quelques compagnies, & il y eut 60 ou 80 Suisses assommez. On poussa les Barricades de ruë en ruë jusqu'au Louvre. Le Roi étonné se sauve en désordre à Chartres. Puis craignant l'Armée Navale de Philippe II. nommée l'INVINCIBLE, il ac-corda à la Ligue l'Edit de RE'UNION.

1588. MORT DES GUISES.

LE ROI regardoit le Duc de Guise comme l'auteur de tou-tes les difficultez qui se présentoient, & prenoit quelquefois des résolutions extrêmes contre lui. D'autres fois fatigué du Gouvernement, il lui marquoit une grande confiance, jusqu'e-là qu'il la confirma par un serment solennel, communia avec lui à même Table & de la même Hostie ; mais le souvenir du passé, les rapports des Quarante-cinq **, le déterminerent une bonne fois à se perdre. Le 23 Decembre, comme il étoit dans la Chambre du Conseil, on lui vint dire que le Roi le deman-doit dans son Cabinet. En se baissant pour y entrer, huit ou neuf des Quarante-cinq se jetterent sur lui, & le percerent de huit ou neuf coups de poignard.

Le Cardinal de Guise & l'Archevêque de Lyon qui étoient aussi dans la Chambre du Conseil, furent arrêtez, & mis dans une petite chambre, où ils passerent le reste du jour à se prépa-rer à la mort. Ils se confesserent l'un l'autre. Le 24 veille de Noël, sur les dix heures, on vint dire au Cardinal que le Roi le demandoit. En passant par une allée fort sombre, il aper-çut quatre Soldats ; il se couvrit le visage de son manteau, & s'appuïant contre le mur, se laissa percer à grands coups de hallebardes, sans dire un seul mot. La Reine Mere mourut le 7 Janvier 89, dix ou douze jours après.

1589. AUDACE DE LA LIGUE.

LE ROI aïant donné le tems à la Ligue de se remettre de son étonnement, on se déchaîna plus que jamais contre lui. Un Prédicateur prêchant à S. Barthelemi, fit jurer à ses Auditeurs, & en particulier au Premier Président, de vanger cette mort. BUSSI LE CLERC Procureur entra dans la Grand'Chambre bien armé, & mena à la Bastille ceux du Parlement qu'il croïoit peu favorables à la Ligue. Cette Faction cassa l'ancien Parlement, & en fit un nouveau, dont Brisson fut fait Premier Président.

LE DUC DE MAÏENNE CHEF DE LA LIGUE.

CE QUI acheva de donner quelque forme de Gouvernement à la Ligue, fut le consentement du Duc de Maïenne, qui vou-lut bien s'en dire le Chef ; quoique naturellement irrésolu & peu entreprenant. Il fut reçu à Paris avec des honneurs & des transports de joie extraordinaires ; & s'il eût voulu se placer sur le Trône, il l'auroit pû : mais content d'un pouvoir pres-que souverain, il prit le titre bizarre de LIEUTENANT GE'NE'-RAL DE L'E'TAT ET COURONNE DE FRANCE. Presque toutes les Villes du Roïaume embrasserent le parti de la SAINTE UNION ; en sorte que le Roi ne pouvant tenir contre la Li-gue, & les Huguenots ensemble, se joignit à ces derniers.

1589. MORT D'HENRI III.

L'ARME'E Roïale aïant remporté quelques avantages sur la Ligue, & Sanci aïant amené du secours de Suisse, le Roi se vit à la tête de 45000 hommes, Il entreprit le siege de Paris, & se logea à Saint-Cloud dans la maison de Gondi. Le 1r Aoît un jeune Jacobin, en lui presentant des Lettres à genoux, lui donna un coup de coûteau dans le ventre. Le Roi retira le coû-teau de la plaie, & lui en donna deux coups, l'un au front, l'autre à la jouë. Au cri que fit le Roi, les Quarante-cinq entrerent, tuerent le Jacobin, & jetterent son corps par les fenêtres. Le Roi mourut le lendemain de sa blessure.

* On nommoit ainsi les Chefs de la Ligue ; parce qu'ils gouvernoient ce Parti dans les seize Quartiers de la Ville.

** Bande fameuse de Gascons déterminez, mise par le Duc d'Epernon autour de la personne du Roi, pour le garentir des pretendus complots du Duc de Guise.

SUITE
DE L'HISTOIRE
DE LA LIGUE.

1589. HENRI IV.

Le Roi de Navarre prit la qualité de Roi de France. Les Huguenots furent les premiers à le reconnoître. Vitri & Epernon ne voulurent point figner l'accommodement, que firent les autres Seigneurs, & se retirérent ; exemple qui fut suivi de plusieurs, en sorte que Henri ne se trouvant pas assez fort pour continuer le siege de Paris, fit trois petits Corps d'Armée, & se mit à la tête de celui qu'il destina pour la Normandie.

Le Duc de Maïenne ne voulut point accepter la qualité de Roi que lui offrit la Ligue, & en laissa le titre au vieux Cardinal de Bourbon, qui étoit prisonnier, & qu'on appella *Charles X*. Le Roi d'Espagne, les Ducs de Lorraine & de Savoie aïant reconnu Charles X. assistérent la Ligue ouvertement, en sorte que le Duc de Maïenne se vit bien-tôt une Armée de 30 à 35000 hommes.

1589. JOURNE'E D'ARQUES 22 *Septembre*.

Le Duc avec toutes ses forces alla droit à Henri qu'il croïoit prendre infailliblement ; mais lui aïant donné le tems de se retrancher à Arques, il fit plusieurs efforts pour le forcer dans ses retranchemens, sans en pouvoir venir à bout. Ce qu'il y eut de plus honteux pour lui, c'est qu'aïant entrepris après cela le siege de Diepe, il se vit lui-même assiegé dans son Camp par l'Armée du Roi, qui n'étoit que de 3700 hommes. Ainsi il prit le parti de se retirer en Picardie. Il ne perdit pas en cette occasion plus de 7 à 800 hommes ; mais il y perdit la réputation de son parti. Quelque tems après le Roi fortifié d'un secours d'Anglois, & aïant joint ses autres troupes, vint attaquer Paris. Il emporta trois Fauxbourgs en moins d'une heure ; mais le canon n'étant pas venu à tems, le Duc entra dans la Ville, & le Roi se retira.

1590. BATAILLE D'IVRI *le* 14 *Mars*.

Le Roi alla mettre le siege devant Dreux. Le Duc voulut y jetter du secours ; & sur l'avis qui lui fut donné que le Roi s'étoit retiré, il passa la Riviere à Ivri, & fut bien surpris de le voir venir au-devant de lui. Il n'y eut pas moïen d'éviter un Combat. Tout l'avantage possible demeura au Roi. De 16000 hommes qu'avoit le Duc, à peine s'en sauva-t-il 4000. Si le Roi étoit venu attaquer Paris aussi-tôt après cette Victoire, il y a apparence qu'il s'en seroit rendu maître : mais aïant laissé passer quinze jours sans rien entreprendre contre la Ligue, elle eut le tems de se reconnoître, & de prendre courage.

1590. SIEGE DE PARIS *depuis le* 7 *Mai jusqu'au* 30 *Août*.

Le Roi, par des raisons de clemence & de politique, ne voulut point prendre Paris par force, croïant l'amener à composition par famine. Quand la Ville fut bloquée, il n'y avoit des vivres que pour un mois ou cinq semaines pour 220 mille personnes qui y étoient renfermées. Au mois de Juillet le pain y valoit un écu la livre, le septier de blé 120 écus, un mouton 100 livres. . . . Au lieu de pain, on repaissoit le peuple de Sermons. . . . Il mourut plus de 10000 personnes de faim. Le Duc de Parme s'étant enfin rendu aux sollicitations du Duc de Maïenne, déboucha une Riviere en prenant Lagni le 8 Septembre. Le Roi se vit à son tour dans la nécessité ; ce qui mit le desordre dans son Armée, & l'obligea de se retirer.

ACCROISSEMENT DU POUVOIR DES SEIZE.

La mort du Cardinal de Bourbon, arrivée le 9 Mai 1590, fit connoître au Roi d'Espagne que le Duc de Maïenne n'avoit pas dessein de faire tomber la Couronne sur la tête de sa Fille, comme il le prétendoit. Ce Roi crut mieux trouver son compte en relevant les Seize, qui furent aussi protegez par le nouveau Pape. Le Duc de Nemours & le jeune Duc de Guise s'étant encore joints à eux, leur insolence n'eut plus de bornes. Ils dressérent un Serment, par lequel les Princes du Sang étoient exclus de la Couronne ; & confisquérent le bien de ceux qui refusérent de le faire. Ils se saisirent de Brisson Président, & des Conseillers Larcher & Tardif, les pendirent dans le Châtelet, & le lendemain 15 Novembre 1591, firent attacher leurs corps à trois potences en Place de Greve.

A PARIS, Chez RONDET, ruë S. Jacques, au Compas.

Le Duc de Maïenne voïant que cette action les avoit rendu odieux, crut les pouvoir punir sans danger. Il vint à Paris, obligea Bussi à lui remettre la Bastille, & le 4 Décembre fit pendre au Louvre, dans la Salle des Suisses, quatre de ceux qui composoient cette Faction. Il y en avoit neuf de condamnez, mais cinq s'échapérent : les autres furent punis par la bourse. Ainsi ce Parti fut à-peu-près dissipé.

1591. SIEGE DE ROUEN, *commencé en Novembre*, *levé le* 20 *Avril* 1592.

Le Roi fortifié d'un secours d'Allemans & d'Anglois, assiegea Roüen.. Le Duc de Maïenne pressa tant le Roi d'Espagne de lui envoïer du secours, que le Duc de Parme vint une seconde fois en France, fit lever le siege, & se retira le plus glorieusement du monde de Caudebec ; où il devoit périr.

TIERS PARTI.

Il e'toit composé d'Athées & de Libertins Courtisans d'Henri III. & des zelez Catholiques ; & Charles Cardinal de Bourbon le jeune, s'imaginant obtenir la Couronne, si le Roi en étoit exclus, en étoit le Chef. Il croïoit que les affaires & la conscience du Roi, étoient des obstacles à sa Conversion ; & il la pressoit, afin de le faire passer pour Hérétique opiniâtre, & pour engager les Catholiques à se tourner de son côté. Cette Faction ne se sépara pas ouvertement du Roi ; mais elle n'en fut que plus dangereuse, & ce fut ce qui contribua le plus à sa conversion.

1593. ASSEMBLE'E DES ETATS *ouverte le* 26 *Janvier*.

Le Pape, le Roi d'Espagne, & les grandes Villes la demandoient depuis long-tems. Le Duc de Maïenne l'accorda enfin, après la mort du Duc de Parme. On y devoit procéder à l'Election d'un Roi. Le Roi d'Espagne proposa trop tard le Duc de Guise pour regner par indivis avec sa chere fille Claire-Eugenie. Le Parlement s'y opposa. Le Duc & sa femme ne pûrent se resoudre à se voir inférieurs à leur neveu. Pendant ce tems-la, le Roi fit Abjuration à Saint-Denis le 25 Juillet.

1594. REDUCTION DE PARIS, *le* 22 *Mars*.

La Conversion du Roi fit voir la vérité de ce qu'on lui avoit dit : *Que de tous les Canons, le plus propre pour réduire les grandes Villes, étoit celui de la Messe* ; car Aix, Lyon, Orléans, Bourges, &c. se soumirent à lui.

Quoiqu'il y eût 4000 Espagnols de garnison à Paris, & 10 ou 12000 Factieux de la Cabale des Seize, le Roi s'en rendit Maître, sans répandre de sang, que celui de cinq ou six mutins qui sortirent dans les ruës pour crier aux armes. Ses Troupes s'étant par intelligence saisies des Portes, Remparts & Places publiques, il entra triomphant dans la Ville, alla droit à Notre-Dame, entendre la Messe & faire chanter le *Te Deum*, puis dîner au Louvre, où tout étoit préparé comme s'il y eût toûjours demeuré. Ce jour même les boutiques furent ouvertes, & tout fut en joie & dans la plus grande paix du monde. L'exemple de Paris entraîna presque toutes les autres Villes de la Ligue.

1595. GUERRE AVEC L'ESPAGNE.

Le 17 Janvier, le Roi déclara la Guerre à l'Espagnol, sur lequel le Duc de Maïenne s'appuïoit. Ce Duc aïant été battu le 30 Juin à Fontaine-Françoise, vit, par le refus que firent les Espagnols de s'avancer pour combattre le Roi, le peu de fonds qu'il y avoit à faire sur eux, & entendit à l'accommodement que le Roi lui proposa. Cet accommodement se fit en Janvier 1596. Celui du Duc de Joyeuse, qui étoit sorti des Capucins en 1592, pour appuïer la Ligue, fut aussi reglé cette année.

Enfin le 16 Mars 1598, le Duc de Mercœur accepta les conditions qui lui furent offertes. Le 2 Mai 1598, se fit LA PAIX DE VERVINS. Cette Paix & l'Edit de Nantes, que le Parlement eut peine à vérifier, mais qu'il vérifia enfin le 25 Fevrier 1599, achevérent d'éteindre toutes les Factions internes & externes.

M. DCC. XXVI. *Avec Appr. & Privil. du Roy*.

EVENEMENS DU REGNE DE LOUIS XIV.

Confiſtant principalement en plus de 400 Priſes de Places, & 130 Combats, tant de Terre, que de Mer; par les Armées d'Allemagne, des Païs-Bas, d'Italie, d'Eſpagne, & autres.

A Cademie d'Architecture établie 30 Nov. 1671. — Françoiſe logée au Louvre en Dec. -72.

Acad. des Inſcriptions renouvellée en 1701.

Acad. de Peinture & Sculpture établie 10 Sept. -64.

Acad. des Sciences établie à Paris en Dec. -66. renouvellée en -99. établie à Montpelier en Fevrier -06.

Agnadel. Bataille où le Duc de Vendôme défait le Prince Eugene 16 Août -05.

Agousta. (Sicile) priſe en 12 jours par le Maréchal Duc de Vivonne, 17 Août -75. abandonnée -78. Combat naval où le Duc de Vivonne défait l'Amiral Ruyter 22 Avril -76. L'Amiral mourut peu après de ſes bleſſures.

Ahgrim. (Irlande) Bataille où le G. de S. Ruth command. les troup. de Fr. défait les Ang. 22 Juil. -91.

Aiguebelle ſe rend aux Tr. du Duc de Savoie 12 Avril -04.

Aire (ſur la Lis) pris en 12 jo. par le Maréchal d'Humieres 31 Juillet -76. ſe rend en 51 jours aux Alliez 9 Nov. -10.

Aix-la-Chapelle. Paix entre la Fr. & l'Eſp. 2 May -68.

Alais (bas Languedoc) érigé en Evêché en -94.

Albi (haut Languedoc) érigé en Archevêché en -76.

Albuquerque (Portugal) ſe rend en 7 jours aux Portugais 22 Avril -05.

Albuzon (Eſp.) Chât. pris par le D. de Barwick. -06.

Alcala (Caſtille) pris par le Marquis de Legal 3 Août -06.

Alcantara (Portugal) ſe rend aux Portug. command. par Myl. Galloway 16 Av. -06. repr. par le Marq. de Bay 14 Dec. -06.

Alcira (Valence) pris en 5 jours par le C. Mahoni -07.

Alcoi pris en 7 jours par le C. Mahoni 9 Janv. -07.

Alexandre VII. entre en accommodement avec le Roy 20 Août -62.

Alexandrie de la Paille (Milanez) levée du Siege par le Prince de Conty & le D. de Modene, après un mois 18 Août -57.

Algeriens. Le D. de Beaufort prend & coule à fond beaucoup de leurs Vaiſſeaux 24 Août -65. Le Marq. de Martel les oblige à faire la Paix 27 Août -70. Alger eſt bombardé 30 Août -82 par M. Du Queſne, qui dans un ſecond bombardem. les oblige à luy rendre ſans ranço 600 Eſclaves Franç. 26 & 27 Juin -83. Le C. de Tourville les contraint à demander la Paix en Avril -84. Des Ambaſſad. viennent à Paris, ſe ſoûmettre à la volonté du Roy 4 Juil. -84. Le Maréch. d'Eſtrées détruit la Ville par le bombardement, & coule à fond ſix de ſes Vaiſſ. 1 Juil. -88. On ſigne à Alger un Traité pour cent ans avec ce Royaume 25 Sept. -89.

Alicante (Valence) bombardée par le Comte d'Eſtrées 29 Août -91. Pris d'aſſaut par les Angl. 8 Août -06. le Château ſe rend le 5 Sept. pris en 2 jours par le Chevalier d'Asfeldt 2 Dec. -08. Le Château ſe rendit 18 Avril -09.

Alliance entre la France & la Hollande 29 Fev. & 1 Mars -44. Entre la Fr. & le Portug. 31 Mars -44. Entre la France & l'Anglet. 2 Nov. -55. Entre la Fr. & la Holl. 27 Avr. -62. Entre la France & les Cantons Suiſſes 28 Nov. -63. Renouvellée entre la France & les Cantons Suiſſes 9 May -15.

Allemagne declare la Guerre à la Fr. 24 Janv. -89.

Almanza (Valence) Bataille où le Duc de Barwick defait les Alliez, le Lundi de Pâque 25 Avril -07. Les Marquis de Courville & de Polaſtron & le Chevalier de Silleri, fils du Marquis de Puiſieux y furent tuez.

Almenara. Combat où l'Archiduc défait les Eſpagnols 27 Juillet -10.

Aloſt (Flandre) pris le 4 Août -67. Abandonné & fortifié par les Ennemis, eſt repris & raſé par le Vicomte de Turenne 12 Septembre ſuivant. Le Roy offre de rendre cette Place en recevant l'équivalent 4 Fevrier -82.

Alpalaon pris par le Roy d'Eſpagne 30 May -04.

Alſace cedée à la Fr. par le Traité de Munſter du 14 Oct. -48. Les troupes Allem. ſortent de cette Province 11 Janv. -75.

Altena (Weſtphalie) priſe par le Vicomte de Turenne ſur l'Electeur de Brandebourg 8 Fevrier -73.

Altenheim. Combat entre le Comte de Montecuculli & le Comte de Lorges 1 Août -75.

Ambaſſadeur. Le Grand Turc accorde le Soffa à l'Ambaſſadeur de France 28 Octobre -82.

Amberg Capitale du Haut Palatinat ſe rend aux Imperiaux 30 Novembre -03.

Ambrun (Dauphiné) ſe rend au Duc de Savoie 17 Août -92, après 10 jours de tranchée.

Amersfort pris ſur les Hollandois en Juillet -72.

Amniſtie accordée par la Reine Regente aux Rebelles de Paris 11 Mars -49.

Ampulies (Catalog.) priſe par le Comte de Schomberg -75.

Anatomie. Demonſtrat. publ. ordonnées Nov. -73.

Anchin (Flandre) Abbaye priſe par l'Armée du Maréchal de Villars, en Juillet -12.

Angel pris par l'Armée du Roy d'Eſpagne -04.

Angers. Le Maréchal d'Hocquincourt force le Duc de Rohan de rendre cette Ville au Roy en Mars -52. Le fils du Maréchal y fut tué.

Angleterre, fait un Traité avec la Fr. contre l'Eſpag. 2 Nov. -55. La Fr. declare la Guerre à l'Angl. 26 Janv. -66. La Reine d'Angl. & le Pr. de Galles ſauvez de Londres arrivent à Saint-Germain 6 Janv. -89. Le Roy d'Angl. Jacques II. échapé de Rocheſter, y arrive le 7. M. de Gabaret conduit le Roy d'Angl. en Irlande 17 Mars -89. Le Roy de France declare la guerre aux Rebelles d'Angleterre 25 Juin -89.

Annecy (Savoie) pris par le Maréchal de Teſſé -04. Se rend au General Thaun 21 Août -09.

Ante-Chriſt. Bruit de ſa naiſſance près de Babylone -07.

Anvers (Brabant) ſe rend aux Alliez 10 Juin -06. L'Archiduc eſt proclamé Roy d'Eſpagne à Vienne 12 Sept. -03. Arrive en Portugal 6 Mars -04. Deſcend en Catalogne 28 Août -05. Le Prince de Darmſtadt y fut tué à l'attaque du Fort de Montjoüi 14 Septembre -05. Son entrée à Madrid 28 Septembre -10.

Arco, pris par le Duc de Vendôme 10 Août -03. Le Château ſe rend le 17.

Ardres (Picardie) le Vicomte de Turenne en fait lever le Siege aux Eſpagnols 28 Août -57.

Arens (Eſpag.) Château pris par le Marquis d'Arpajou -06.

Argenteau, Fortereſſe ſur la Meuſe, priſe par le Maréchal de Belleſons 16 May -74.

Arleux, le Château ſe rend aux Alliez 6 Juillet -11. pris d'aſſaut par le Maréch. de Monteſquiou 23 Juill.

Armentieres (Flandre) priſe par Mrs de Gaſſion & Rantzau 30 Août -45. Se rend en 14 jours de tranchée à l'Archiduc 24 May -47 repriſe par l'Armée du Roy 28 May -67.

Arnheim (Gueldre) pris en 2 jours par le Vicomte de Turenne 15 Juin -72. Abandonné 29 Avril -74.

Arras (Païs-Bas) les Eſpagnols après 52 jours d'attaque en levent le Siege; defaits par Mrs de Turenne, de la Ferté & d'Hocquincourt, dans un Combat où le D. de Joyeuſe fut tué 25 Août -54. Bombardé par le D. d'Albemarle 2 Mars -12.

Arriereban, Il s'en fit une convocation 18 Nov. -74.

Aſchaffembourg (Franconie) pris par le Vicomte de Turenne 25 Avril -47.

A

Ast, Château surpris par les Espagnols 27 Août -44. Repris par le Prince Thomas 7 Septembre.

Asti pris par les François en Juin -05.

Ath (Hainaut) pris par l'Armée du Roy 18 Juin -67. Fortifié par M. de Vauban 15 Juin -71. Pris en 13 jours par le Maréchal de Catinat 5 Juin -97. Se rend en 11 jours au General d'Owerkerque 2 Octobre -06.

Athlone, Bataille gagnée par les Angl. 10 Juill. -91.

Aves. Quelques Vaisseaux du Roy font naufrage près cette Isle 8 Juillet -78.

Avignon, Le Roy se saisit du Comtat en Juillet -88. Il fut depuis rendu à Alexandre VIII.

Ausbourg, les François & les Suedois en levent le Siege, à l'approche des Imperiaux & des Bavarois 10 Octobre -46. Ligue contre la France en Juillet -86. Paye contribution à la France 15 Octobre 88. Pris en 7 jours par l'Electeur de Baviere 14 Decembre -03.

Badajox (Estramadoure) Les Portugais en levent le Siege après 4 mois 12 Oct. -58, le Maréchal de Tessé en fait lever le Siege après 10 jours de tranch. 16 Octobre -05.

Bagnols, Bataille où le Maréchal de Navaille repousse le Comte de Monterei 4 Juillet -77.

Baguette Divinatoire de Jacques Aimar, qui fut reconnu être un Imposteur -93.

Balaguier (Catalogne) pris par le Comte de Harcourt 19 Oct. -45 abandonn. par les Allemands 23 Fev. -11.

Baltea (Espagne) pris d'assaut par le Maréchal de Tessé en Janvier -06.

Bantrye, Combat naval près cette Baye, où le Comte de Châteaurenaud avec 12 Vaisseaux met en fuite 22 Vaisseaux d'Herbert 12 May -89.

Barcelonne (Catalogne) le Maréchal de la Mothe y entre 23 Avril -52, rend cette Ville aux Espagnols après 15 mois de Siege 13 Oct. -52. La Flote Espag. est batuë devant cette Place par le Duc de Vendôme 29 Sept. -55, bombardée par le Comte d'Estrées 10 Août -91, prise en 52 jours par le D. de Vendôme par terre, & le C. d'Estrées par mer 7 Août -97, bomb. par le Pr. de Darmstad 30 May -04, se rend à l'Archiduc 9 Oct. -05, après 16 jours de Siege. Le Roy d'Esp. en leve le Siege 11 May -06, après 3 jours de tranc. Pris d'assaut en 2 mois par le Marhl. de Barwick 11 Sep. -14.

Barfleur Combat naval, où le Comte de Tourville qui n'avoit que 44 Vaisseaux est défait par l'Amiral Roussel qui en avoit 93, 29 May -92.

Bar-le-Duc, (Lorraine) Combat où le Marquis de la Ferté défait les Lorrains, commandez par le Comte de Ligneville 9 Octobre -50, pris par le Maréchal de la Ferté 19 Decembre -53.

Barricades de Paris, au sujet de l'emprisonnement du President de Blantmenil & du Conseiller Broussel 26 & 27 Août -48.

Bascara (Catalogne) pris par le Comte de Schomberg -75, pris par le Duc de Noailles -06.

La Bassée (Flandre) prise en 4 jours par le Maréchal de Gassion 19 Juillet -47.

Bastiglia se rend au Comte de Trautmansdorf -04.

Beaumont en Argonne (Champagne) Du Plessis-Besançon en fait lever le Siege 6 Septembre -51.

Beffort (Alsace) pris en 59 jours par le Maréchal de la Ferté 23 Fevrier -54.

Bellegarde (Bourgogne) le Marquis d'Uxelles en leve le Siege 8 May -53, pris par le Duc d'Epernon 8 Juillet -53, qui en fait sauter les fortifications.

Bellegarde (Roussillon) prise en 6 jours par le Comte de Schomberg 27 Juillet -75.

Bellisle Descente & Tentative de l'Amiral Tromp 28 Juin -74.

Benevatro pris par le Chevalier d'Asfeld -06.

B

Berg-Saint-Vinox (Flandre) renduë aux Espag. 27 Sept. -51. pris en 4 jours par M. de Turenne 2 Juillet -58, en 2 jours par le Maréchal Duc d'Aumont 6 Juin -67.

Beringhen (le Marquis de) enlevé entre Paris & Versailles par un Parti des Alliez en May -07.

Berkembaum, Combat où le Marq. de Bourlemont, à la tête de cent François repousse dix-huit cens Allemans 20 Fev. -73.

Bersello pris par le Comte de Vaubecourt après un an de blocus 27 Juillet -03. On fit sauter une partie des Fortifications.

Besançon (France-Comté) pris en 2 jours par M. le Prince 7 Fevrier -68, se rend au Roy en 9 jours 15 May -74. La Citadelle se rend en 7 jours le 22.

Bethune (Artois) pris en deux jours par M. le Duc d'Orleans 30 Août -45, se rend en 37 jours aux Alliez 29 Août -10.

Bibrac (Souabe) pris par le Duc de Baviere -02.

Bilfeld (Allemag.) pris par le Vic. de Turenne 17 Mars -73.

Bitsch pris par l'Armée de France en Août -73.

Bodegrave (Hollande) pris par le Duc de Luxembourg 23 Decembre -72.

Bommel (Gueldre) pris par M. de Turenne 26 Sept. -72, abandonné 14 Novembre -73.

Bonne (Allemagne) rendu en 8 jours au Prince d'Orange 12 Nov. -73. Le Baron d'Asfeld rend cette Place à l'Electeur de Brandebourg après 27 jours de tranchée 12 Oct. -89, Se rend en 12 jours au Duc de Marlboroug 15 May -03.

Bordils, Combat où le Maréchal d'Hocquincourt défait les Espagnols 3 Decembre -53.

Borgo-Forte pris par le Roy d'Espagne en Août -02.

Bouchain (Haynaut) pris en 8 jours par Monsieur 11 May -76, se rend en 21 jours aux Alliez 13 Sept. -11; repris en 10 jours par le Maréchal de Villars 19 Octobre -12.

Bouillon pris par le Maréchal de Crequi 30 Sept. -76.

Bourbourg (Flandre) pris en 10 jours par Monsieur le Duc d'Orleans, & Messieurs de Gassion & de Rantzau 9 Août -45.

Bourdeaux se soumet au Duc de Vendôme 31 Juil. -53.

Bourg (Guienne) pris en 5 jours par le Duc de Vendôme & de Candole, & le C. d'Estrades 3 Juil. -53.

Boyne (Irlande) Bataille donnée entre le Prince d'Orange & l'Armée du Roy de la grande Bretagne, commandée par le Maréchal de Schomberg qui y perit 11 Juill. -90. C'est à l'occasion de ce Combat que le bruit de la mort du Prince d'Orange se répandit en France, & que les Parisiens en firent tant de réjouissances.

Brandebourg (Elect. de) Arme contre la France 15 Sept. -74.

Braunau emp. d'assaut par les Bavarois 26 Nov. -05.

Breda, Paix faite entre la France, l'Angleterre, la Hollande & le Danemarc 31 Juillet -67.

Brest (Bretagne) est fortifié en Novembre -87.

Brihuega pris en trois jours par le Roy d'Espagne & le Duc de Vendôme 9 Decembre -10.

Brisac (Alsace) pris en 13 jours par le Duc de Bourgogne 6 Sept. -03. *Brisac* (le vieux) manqué d'être surpris par un détachement de la Garnison de Fribourg 10 Nov. -04.

Bruges (Flandre) Combat où Mrs. de Créqui & de Bellefons mettent en déroute la Cavalerie ennemie commandée par Marcin & le Prince de Ligne 31 Août -67, pris par le Comte de la Mothe 2 Juillet -08, se rend aux Anglois commandez par le Duc d'Ormond -12.

Bruxelles (Païs-Bas) bombardée par le Maréchal Duc de Villeroy 13, 14 & 15 Août -95, le Duc de Baviere en leve le Siege en Novembre -08.

Buon-Porto se rend au Comte de Trautmansdorf -04.

Burglenfeldt Combat où le Duc de Baviere défait le Pr. d'Anspach, qui fut blessé à mort 28 Mars -03.

Burie (Allemagne) pris en deux jours par le Vicomte de Turenne 3 Juin -72.

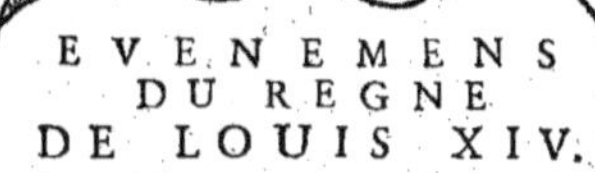

C *Abredos* pris par l'Armée du Roy d'Espagne -04.

C *Calais* (Picardie) bombardé par Schowel 27 Août -94. par les Angl. -95. par les Alliez 13 Avril -96.

Calcinato (Italie) Bataille où le Duc de Vendôme défait le Comte de Reventlau General Danois 19 Avril -06. Le Marquis du Heron y fut tué.

Calvinisme. Revocation de l'Edit de Nantes pour l'abolition du Calvinisme en France 22 Octobre -85.

Camaret (Bretagne) les Anglois y font descente, font pris ou taillez en pieces 18 Juin -94.

Cambrai (Païs-Bas) le Pr. de Condé y étant entré, M. de Turenne en leve le Siege 30 May -57. pris en 9 jo. par le Roy 5 Avr. -77. la Citadelle prise en 11 j. le 17.

Camen pris par le Vicomte de Turenne sur l'Electeur de Brandebourg 7 Fevrier -73.

Campo-Major, le Marquis de Bay en leve le Siege après 23 jours 27 Octobre -11.

Campredon pris en 5 jours, & démoli par le Duc de Noailles 23 May -89.

Canal pour la jonction des deux Mers commencé 8 Nov. -64. premier essay de Navigation sur le Canal de Languedoc 21 Fevrier -72. Navigation dans tout le Canal 19 May -81.

Candie. Le C. de S. Paul, le D. de Château-Thierri & le C. de la Feüillade y abordent 29 Octob. -68. Secours envoyé sous le commandement du Duc de Navailles 19 Juin -69. Combat des François dans la Tranchée le 25. Le Duc de Beaufort y fut tué.

Canette (Mantoüan) se rend à l'Armée Imperiale -01.

La *Capelle* (Picardie) se rend en 13 jours à l'Archiduc Leopold 3 Août -50. reprise en 7 jours par le Vicomte de Turenne 27 Septembre -56.

Capoüe (Naples) se rend au General Thaun 2 Juillet -07. le Château se rendit le 5 du même mois.

Cardonne (Catalogne) le Comte de Muret en leve le Siege 22 Dec. -11. pris d'assaut par le Comte de Muret & le Marquis d'Arpajou -12.

Carmagnole (Salusse) prise en 3 jours par les Franç. 11 Juillet -91. perduë après 4 jours de tranchée 7 Oct. suiv. reprise par les François en Juin -06.

Carpi (Veronois) Bataille où le Pr. Eugene repousse le Colonel de Saint-Fremond 9 Juillet -01. se rend aux Imperiaux 5 Août -06.

Carouzel fait à Paris 5 Juin -62. à Versailles 4 & 5 Juin -85.

Cartagene. La Flote Espag. est batuë devant ce Port par le Maréch. de Brezé 3 Sept. -43. rendu aux Anglois 13 Juin -06. pris en 3 j. par M. Mahoni 18 Nov. -06.

Cartagene (Amerique Meridionale) prise & pillée par le Baron de Pointis & le Sieur du Casse Gouverneur de S. Domingue 3 May -97.

Casal (Italie) se rend aux Espagnols 21 Oct. -52. une Garnison Françoise entre dans la Citadelle 30 Sept. -81. Blocus levé par les Allemans 4 Oct. -93. levée du Siege 28 Mars -95. Traité fait avec le Duc de Savoie, pour la démolition du Château, de la Citadelle & de toutes les Fortifications 11 Juillet -95. le Château se rend au Duc de Savoie 6 Nov. -06.

Cassano. Bataille où le Duc de Vendôme défait le Prince Eugene 16 Août -05.

C *Cassel* (Flandre) Monsieur y défait le Prince d'Orange & l'Armée des Alliez 11 Avril -77.

Castel-Branco pris d'assaut en 2 jours par le Marquis de Thoüy 23 May -04.

Castel-David, pris en 5 jours par l'Armée Espagnole 25 Juin -04.

Castelfollit, pris en 3 jours par le Maréchal Duc de Noailles 8 Sept. -94. reprise par le même en Oct. -94. est razée en Juillet -95.

Castellamare (Naples) Combat naval où le D. de Richelieu bat les Espagnols 22 Dec. -47. pris par le Duc de Guise 15 Novembre -54.

Castel-Leon pris par le Marq. d'Arpajou en Sept. -11.

Castel-Rodrigo, pris d'assaut par le Marquis de Bay 4 Octobre -07.

Castiglione-delle-Stivere (Mantoüe) se rend aux Imperiaux 6 Août -01. pris par les Comtes de Revel & de Mongon en Avril -02. se rend au Prince de Hesse -06. Bataille où le Comte de Medavi défait le Prince de Hesse 9 Septembre -06.

Catelet (Picardie) se rend en 5 jours à l'Arch. Leopold 14 Juin -50. repris par le Vic. de Turenne -54.

Cayenne, Isle de Guinée, prise sur les Hollandois par le Comte d'Estrées 20 Decembre -76.

Cethe, Port bâti sur une Côte jusqu'alors impraticable 29 Juillet -66.

Ceva [Piedmont] pris par les François -06.

Chamberi (Savoie) pris par le Maréchal de Tessé -04. Le Duc de Savoie y rentre 27 Juillet -11.

Chanceliers. Estienne d'Aligre Garde des Sceaux, est declaré Chancelier 8 Janv. -74. Michel le Tellier est nommé 2 j. après la mort de M. d'Aligre 27 Oct. -77. M. Boucherat luy succede 30 Oct. -85. mort le 2 Sept. -99. M. de Pontchartrain luy succ. le 9. Il se retire, & M. Voisin luy succede en Juin 1714.

Charenton, pris par le Prince de Condé 8 Fevr. -49. Le Duc de Châtillon y fut tué.

Charlemont (Païs-Bas) cedé à la France par les Espagnols 27 Fevrier -80.

Charleroy (Païs-Bas) pris par l'Arm. de France 2 Juin -67. le Pr. d'Orange en leve le Siege 22 Oct. -72. en leve encore le Siege 14 Août -77. est bombardé par le Marquis de Boufflers 19 & 20 Oct. -92. pris en 26 jours par le Maréchal de Villeroy & M. de Vauban 11 Oct. -93. Le Comte de Broglio y fut tué.

Charles I. Roy d'Angleterre, a la tête tranchée à Witehal, dans sa 49e année, 9 Fevrier -49.

Châtillon (Catalogne) pris en 22 jours par le Prince de Conti 1 Juillet -55.

Chatté (Lorraine) pris en 43 jours par le Maréchal de la Ferté 13 Sept. -52. pris en 6 jours par le Maréchal de Crequi 6 Octobre -70.

Chaumont (Dauphiné) se rend aux troupes du Duc de Savoie en Mars -04.

Cherbourg (Normandie) bombardé par les Angl. -94.

Chiari (Italie) Bataille entre le Duc de Villeroy & le Prince Eugene 1 Septembre -01.

Chiney, Comté cedé au Roy le 31 Juillet -81. Combat où le Marquis d'Harcourt défait plus de 4000 Allemans 8 Septembre -92.

Chivas pris en 34 jours par le Duc de la Feüillade 28 Juillet -05.

Ciudad-Rodrigo (Leon) se rend en 5 jours aux Portugais, commandez par Myl. Galloway 26 Mars -06. pris d'ass. en 13 jours par le Marq. de Bay 4 Oct. -07.

Clermont en Argonne pris en 19 jours par le Maréchal de la Ferté 24 Novembre -54.

Cleves, Ville du Duché d'Allemagne ; le Comte de Calvo s'en empare 25 Mars -79.

Coevorden (Fl.) pris par l'Evêque de Munster 12 Juil. -72. surpris par escalade par les Hollandois 31 Oct.

Cognac (Angoumois) le Comte d'Harcourt en fait lever le Siege en Novembre -51.

Comete en -52. Autre grande Comete vûë en France 26 Decembre -80.

Commacchio. Les Imper. s'en emparent en May -08.

Commerci (Lorraine) pris en 6 jours par M. de Brinon 26 Juillet -55.

Compiegne, Camp fait pour le Duc de Bourgogne 6 Septembre. -98.

La Concordia (Frioul) prise par le Grand Prieur -04.

Condé (Haynaut) pris en deux jours par le Comte de Harcourt 25 Août -49. pris en 3 jours par Mrs de Turenne & de la Ferté 8 Août -55. le Prince de Marcillac y fut blessé. Perdu en 25 jours 18 Août -56. Forcé par le Roy en 6 jours 26 Avril -76.

Coni (Piedm.) levée du Siege en 10 jours 29 Juin -91.

Congrez, le Parlem. de Paris abolit cette épreuve scandaleuse, comme incapable de servir à la decision sur la validité du Mariage 18 Fevrier -77.

Congrez d'Utrecht pour y traiter de la Paix, est ouvert -29 Juin -12.

Consarbruk, Combat où l'Armée du Maréchal de Crequi est mise en déroute 11 Août -75.

Coppenhague (Danemark) levée du Siege par l'Amiral Opdam -60.

Coria (Castille) se rend aux Portugais -06.

Corregio (Modene) se rend aux Imper. en Août -06.

Courtray (Flandre) pris par Gaston Duc d'Orleans 28 Juin -46, surpris par l'Archiduc Leopold 19 May -48; la Citadelle se rend le 21; pris en 14 heures par le Duc d'Aumont 16 Juillet -67, le Château se rend le 19; pris en trois jours par le Maréchal d'Humieres 6 Novembre -83.

Cremone (Milanez) Bataille où le Duc de Modene & le Maréchal du Plessis-Praslin vainquirent les Espagnols 30 Juin -48. Le Comte de Choiseul y fut tué. Le Duc de Modene & le Maréchal du Plessis-Praslin en levent le Siege après deux mois 6 Octobre -48. Reprise par le Prince Eugene 1 Fevrier -02.

Crevecœur (Cambresis) Fort pris en six jours par M. de Turenne 19 Juillet -72.

Culembourg pris par les Hollandois en Juin -72

D'Achstein pris en quatre jours par le Marquis de Vaubrun 29 Janvier -75.

Danemark. Le Roy de France est Mediateur de la Paix de Suede & de Danemark 27 Dec. -59. Le Roy de France declare la Guerre au Danemark en faveur de la Suede 28 Août -76. Le Roy de Danemark signe la Paix, & rend tout à la Suede 2 Sept. -79.

Deinse (Flandre) razé par les François 28 Juillet -95.

Denain, Combat ou le Maréchal de Villars défait le Duc d'Albemarle 24 Juillet -12. Le Marquis de Tourville y fut tué. Le Duc d'Albemarle, deux Princes de Nassau, le Prince d'Holstein, & le Prince d'Anhalt furent faits Prisonniers.

Dendermonde se rend en six jours au General Churchil 5 Septembre -06.

Denia (Valence) prise d'assaut en cinq jours par le Chevalier d'Asfeld 12 Novembre -08.

Desensano sur le Lac de Garde, pris par M. le Grand Prieur 25 Novembre -04.

Deventer (Païs-Bas) pris en cinq jours par le Duc de Luxembourg & l'Evêque de Munster 21 Juin -72.

Dieppe (Normandie) bombardé par la Flote ennemie 22 & 23 Juillet -94.

Dillingue se rend aux Alliez -04.

Dinan (Liege) se rend au General Spork 18 Nov. -74. pris en 6 j. par le Maréch. de Crequi 29 May -75.

Dithwillers, Combat où le Vicomte de Turenne avec 15000 Hom. arrête 60000 Ennem. 11 Oct. -74.

Dixmude (Flandre) prise en trois jours par le Maréchal de Rantzau 13 Juillet -47, perduë en 15 jours 14 Octobre -47, reprise par le Comte de Bussy-Rabutin 4 Juillet -58. Prise par le Maréchal d'Humieres 10 Novembre -83, par le Roy -94, par Montal en deux jours 27 Juillet -95.

Doesbourg (Païs-Bas) se rend au Roy en deux jours 21 Juin -72.

Doetekum pris par M. de Bauviré 8 Juin -72.

Dole (Bourgogne) se rend au Roy en quatre jours 14 Fev. -68, prise par le Roy en 7 jours 6 Juin -74.

Donawert (Souabe) se rend au Alliez -04; Combat où l'Armée des Alliez sous le Prince de Bade & le Duc de Marlborough forcent un détachement de l'Armée de M. de Baviere, commandé par le Comte d'Arco 2 Juillet -04.

Douay (Flandre) pris en 3 j. par le Roy 6 Juill. -67, se rend aux Alliez en 53 j. 25 Juin -10. Pris en 34 j. par le Maréchal de Villars 3 Septembre -12.

Droit : le Roy rétablit à Paris les Ecoles de Droit, fermées depuis cent ans, en Avril -79; établit une Chaire pour le Droit François en Avril -80.

Drusenheim sur le Rhin se rend en cinq jours aux Imperiaux 24 Septembre -05.

Dunes, Bataille où le Vicomte de Turenne défait les Espagnols 14 Juin -58. Le Marquis de Castelnau y fut blessé, & mourut à Calais.

Dunkerque (Païs-Bas) prise en 14 jours par le Duc d'Enguien & les Maréchaux de Gassion & de Rantzau 7 Octobre -46, perduë en 39 jours le 16 Septembre -52, se rend en 18 jours au Vicomte de Turenne 25 Juin -58. Le Maréchal de Castelnau y fut tué. Cette Ville fut livrée aux Anglois. Elle est rachetée des Anglois, & le Roy y fait son entrée 27 Octobre -62, fortifiée de nouveau en May -71, bombardée par les Anglois 21 Septembre -94. Le Risban est bombardé par les Anglois 11 Août -95, est remis aux Anglois pour sûreté de la Paix -11.

Dunkespiell pris par le Vic. de Turenne 30 Août -45.

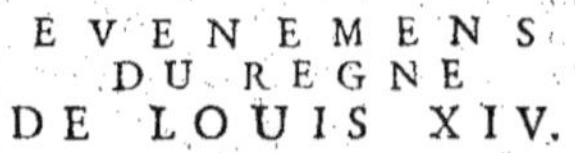

E *Bernbourg* (Palatinat) eft fortifié en Octobre -88. Le Landgrave de Heffe en leve le Siege 8 Oct. -92, fe rend en 7 j, aux Troupes du Prince de Bade 16 Sept. -97, le Château fe rend en 11 j. le 27.

Eckeren, Combat où le Maréchal de Bouflers défait le Baron d'Obdam 30 Juin -03.

Elbourg (Danemark) pris fur les Holland. Juin -72.

Elvas, les Efpagnols en levent le Siege après trois mois 16 Janvier -59.

Emeric pris par Monfieur le Prince 7 Juin -72.

Ens pris par l'Electeur de Baviere en Janvier -04.

Ensheim, près de Strafbourg, Bataille où le Vicomte de Turenne bat les Allemans 4 Octobre -74.

Entrées, de la Reine Chriftine à Paris 6 Sept. -56; de la Reine à Paris 26 Août -60 ; du Conestable de Castille, Ambaffadeur d'Efpagne 13 Mars -01.

Epinal (Lorr.) pris par le Marq. de la Ferté Sept. -51. par le Maréchal de Crequi en 7 j. 25 Sept. -70.

Erford (Allemagne) pris en vingt-fept jours par M. de Pradelle 15 Octobre -64.

Erkelens forcé par le Mar. de Bellefons 10 May -74.

Efpagne, Declarat. de Guerre 15 Oct. -73 , & 15 Avr. -89. Mort de Charles II. âgé de 39 ans 1 Nov. 1700. Il infti- tue le Duc d'Anjou fon Heritier, qui eft déclaré Roy 16 Nov. -00 ; part de Verfailles 4 Dec. -00 ; arive au Buen- Retiro 18 Fev. -01 ; fait fon Entrée à Madrid 14 Av. -01 ; arrive à Naples 16 Av. -02 ; fort de Naples 2 Juin -02 ; arr. à Savonne 10 , voit le D. de Savoie à Final 11 , & les Duchesses 12 ; arr. à Milan 18 , en part pour Cremone 1 Juil. où il arr. le 3 ; declare la Guerre au Portugal 30 Av. -04 ; retourne à Madrid 6 Juin -06 ; fe retire en Navarre Juin -06 ; va avec la Cour à Valladolid 9 Sept. -10 ; rentre à Madrid avec le Duc de Vendôme 3 Dec. -10.

Efpouilles, Combat où le Maréchal de Navailles défait les Efpagnols 4 Juillet -77.

Eftremoz (Portugal) Bataille où Villaflors & Schom- berg défont les Efpagnols 8 Juin -73.

Etampes, la Cour oblige le Vicomte de Turenne à en lever le Siege 4 May -52.

Evora fe rend en 5 j. aux Efp. 22 May -63, repris par les Comtes de Villaflors & de Schomberg 8 Juin -63.

Exiles (Savoie) fe rend en 3 j. au Duc de Savoie -08.

F *Aifans* (Ifle des) Traité de Paix entre la France & l'Efpagne 7 Novembre -59.

Fauconnier pris par le Marquis de Renel 5 Juil. -74.

Fenestrelles fe rend au Duc de Savoie 21 Août -08.

Ferberling fe rend à l'Electeur de Brandebourg -75.

Figuieres (Catalogne) pris par le Comte de Schom- berg -75. par le Duc de Noailles 9 Fevrier -09.

Finale (Italie) fe rend aux Ennemis -06.

Fleurus. Bataille où le Maréch. Duc de Luxembourg défait l'Arm. de Waldéck 1 Juill. -90. Mrs de Gour- nay, du Metz, de Sceapx, Soyecourt, Nogaret, Juffac, Villarceaux, Sallart, Verderonne, Bartil- lat & Janvry furent tuez.

Fonz, pris par le Chevalier d'Asfeld -06.

Fouquet Sur-Intendant des Finances eft arrêté à Nan- tes 5 Sept. -61. on luy fait fon Procès, & il eft con- damné 20 Dec. -64. à un Banniffement perpetuel, changé en une Prifon perpetuelle, pourquoi conduit dans la Citadelle de Pignerol , où il mourut -80.

Fraga pris par le Duc d'Orleans -07.

F *Franche-Comté*. Le Roy s'en rend maître 19 Fevrier -68. renduë par le Traité d'Aix-la-Chapelle 2 May -68. feconde Conquête 15 May -74.

Frankendal pris en 2 jours par Monfeigneur & razé 18 Novembre -88.

Freystadt fe rend au Comte de Stirum -03.

G *Fribourg* en Brifgau (Allem.) fe rend aux Bavarois en 1 mois 27 Juil. -44. Bataille où le D. d'Enguien & les Maréchux de Gramont & de Turenne forcent les Retranch. des Bavarois 3 Août fuiv. pris en 5 j. par le Maréch. de Crequi 14 Nov. -77. en 1 mois par le Maréch. de Villars 1 Nov. -13. Le Château le 16.

Fridlingen, Bataille où le Marquis de Villars batit le Prince de Bade 12 Octobre -02. le Marquis y fut fait Maréchal. Mrs Defbordes, Chavannes & de Seves y furent tuez. Le Fort fut pris le 13.

Frigarolo fur le Pô, pris par le Grand-Prieur de Fran- ce 14 Juin -04.

Frifingue (Baviere) pris par l'Arm. de Fr. 17 May -48.

Furnes (Flandre) pris par le D. d'Enguien 7 Sept. -46. par le Maréch. de Rantzau 10 Sept. -48. rendu aux Efpagnols 5 Sept. -51. pris par M. de Turenne 3 Juil. -58. par le Duc d'Aumont en 8 jours 12 Juin -67. par le Marq. de Bouflers en 15 heures 6 Janv. -93. Le Marquis de Villacerf y fut tué.

G *Aëtte*, fe rend en 39 jours au Comte de Thaun 30 Septembre -07.

Galions d'Efpagne brûlez par l'Am. Blaak dans la Baye de Santa-Cruz de l'Ifle de Teneriffe 30 Avril -57.

Gand (Flandre) fe rend en 4 jours au Roy 9 Mars -78. la Citadelle fe rend le 12. Pris par M. Chemerault 5 Juill. -08. fe rend aux Alliez après 5 jours de Siege 30 Dec. -08. fe rend aux Anglois commandez par le Duc d'Ormond -12.

Gap (Dauphiné) fe rend aux Ennemis -92.

Genep (Allemagne) pris par le Chevalier du Plessis- Praflin 3 Juillet -72.

Geneve. Le Refident du Roy y fait dire la Meffe qu'on y avoit abolie depuis 144 ans 10 Nov. -79.

Genes (Italie) bombardée par M. de Seignelay 17 May -84. Traité de Paix fait à Verfailles le 22 Fevr. -85. Le Doge, accompagné de quatre Senateurs, vient faire fes Soûmiffions au Roy 15 May.

Gengembach, pris par le Maréch. de Villars Fevr. -03.

Germershein (Allemagne) pris & fortifié 3 Mars -74.

Gibraltar, fe rend en 4 jours aux Alliez 4 Août -04, l'Efcadre du Baron de Pointis y eft défaite 21 Mars -05. Le Maréch. de Teffé en leve le Siege 23 Avril.

Gigery (Barbarie) pris par le Duc de Beaufort 22 Juil- let -64; abandonné le 30 Octobre.

Gironne (Catalogne) le Maréchal d'Hocquincourt eft obligé d'en lever le Siege après 70 jours d'attaque 25 Sept. -53. Le Maréchal de Bellefons en leve le Siege 23 May -84, pris en 5 jours par le Maréch. Duc de Noailles 29 Juin -94. fe rend aux Rebelles de Catalogne 4 Oct. -05, pris par le Duc de Noail- les 23 Janv. -11. Le Duc de Barwick fait abandon- ner aux Allemans le Blocus de Gironne 7 Janvier -13 : ils l'avoient commencé dès le 22 Avril -12.

Givet, bombardé par le Gen. Koehoorn 16 Mars -06.

G H I K

Goito, se rend en 3 jours au Pr. de Hesse 25 Août -06.

Gorée, Isle pr. par le Vice-Amir. d'Estrées 1 Nov. -77.

Grave (Brabant) prise par un Détachement de l'Armée de M. de Turenne 14 Juillet -72, le Comte de Chamilly la rend au Prince d'Orange après 93 jours de Siege 26 Octobre. -74.

Gravelines (Flandre) prise par Gaston Duc d'Orleans en 48 j. 28 Juil. -44, se rend après 69 j. de Siege à l'Archiduc Leopold 18 May -52, reprise en 23 jours par le Maréchal de la Ferté 30 Août -58.

Grauz, pris par le Chevalier d'Asfeld -06.

Gray (Bourgogne) se rend en 2 j. au Roy 19 Fevr. -68; pris en 3 jours par le Duc de Navailles 28 Fevr. -74.

Grolle pris par le Duc de Luxembourg 9 Juin -72.

Groningue (Frise) prise par le Roy 19 Juillet -72, l'Evêque de Munster & l'Electeur de Cologne en levent le Siege 27 Août -72.

Guastalla pris par le C. de Vaubecourt 9 Sept. -02.

Gudina, près d'Elvas. Bataille où le Marquis de Bay, commandant les Troupes Espagnoles, défait le Comte de Galloway 7 May -09.

Gueldres, se rend aux Troup. Prussiennes en Oct. -03.

Guerre declarée à la France par la Hollande, l'Angleterre & l'Empire 15 May -02. Le Roy declare la Guerre à ces Puissances en Juillet -03, au Duc de Savoie 4 Decembre -03.

Guise. Le Maréchal du Plessis-Praslin en fait lever le Siege au Comte de Fuensaldaigne & au Vicomte de Turenne 2 Juillet -50.

HAguenau (Allemagne) le Prince de Montecuculli en leve le Siege en 4 jours à l'approche du Prince de Condé 22 Août -75; se rend au Comte de Thungen 5 Oct. -05; repris en 7 jours par le Marquis du Peri 10 May -06.

Hailbron (Souabe) pris le 15 Oct. -88. puis abandonné.

Hall (Souabe) le Maréchal Duc de Luxembourg en fait razer les Fortifications 29 May -91.

Ham (Vestphalie) prise par le Vicomte de Turenne sur l'Electeur de Brandebourg 19 Fevrier -73.

Hamon, Abb. prise par l'Arm. du Marhl de Villars -12.

Hardewick (Gueldre) prise sur les Hollan. 23 Juin -72.

Hasnon, Abbaye sur la Scarpe, prise par le Chevalier de Nangis en Juillet -09. Le Chevalier d'Albergotti Brigadier y fut tué.

Hattem, pris sur les Hollandois en Juin -72.

Le *Havre de Grace* bombardé par la Flotte Ennemie, depuis le 26 jusqu'au 31 Juillet -94.

Heidelberg (Allemagne) reçoit Garnison Françoise 25 Oct. -88, est forcé par le Maréch. de Lorge & ruiné 21 May -93; le Château se rend le 23 & est détruit. Pris par le Comte Du Bourg -07.

Hochstedt, Bataille où le Duc de Baviere & le Maréch. de Villars défont les Imperiaux, commandez par le Comte de Stirum 20 Sept. -03. Bataille où le Prince Eugene & le Duc de Marlborough défont les Armées Françoises & Bavaroises commandées par le Duc de Baviere & les Maréch. de Marsin & de Tallard 13 Août -04. Ce dernier y fut fait prisonnier.

Hoexter sur le Veser, pris par le Vicomte de Turenne, en Mars -73.

Hollande, le Roy declare la Guerre 6 Avril -72. & 26 Novembre -88.

Hombourg pris par les François en Août -73, par le Marquis de Conflans, en 2 jours 26 Juillet -05.

Hôpital de la Salpetriere, bâti pour y retirer les Pauvres Mandians, en -56.

Hulst se rend au Pr. d'Orange en 16 jours 4 Nov. -45.

Hunningue fortifié en Janvier -80.

Huy (Liege) se rend en 20 j. au Gen. Spork 2 Dec. -74, pris en 6 jours par le Marq. de Rochefort 6 Juin -76, par le Maréch. de Villeroy en 4 j. 24 Juil. -93; se rend en 6 j. au Duc de Holstein-Ploen 27 Sept. -94, au Duc de Marlborough en 4 j. 25 Août -03; le Château se rend le 26. Pris par le Duc de Baviere 28 May -05; le Château se rend le 10 Juin. Se rend aux Alliez le 10 Juillet -05.

IDanna la Nueva prise d'assaut par l'Armée du Roy d'Espagne 13 May -04.

Ingolstadt se rend au Prince Eugene 18 Decemb. -04.

Invalides (l'Hôtel des) est commencé en Nov. -71.

Inspruk (Capitale du Tirol) ouvre ses portes au Duc de Baviere 26 Juin -03, qui l'abandonne le 27 Juill.

Ipres (Flandre) pris en 15 jours par le Prince de Condé 29 May -48, repris par les Ennemis 18 May -49; pris en six jours par M. de Turenne -26 Sept. -58; se rend au Roy en sept jours 25 Mars -78.

Isabelle, Fort, se rend aux Alliez -04.

Issel abandonné par le Prince d'Orange 13 Juin -72.

Iviça se rend aux Alliez en Septembre -06.

Ivrée (Piemond) pris en seize jours par le Duc de Vendôme 18 Septembre -04, le Château le 27.

KEbec érigé en Evêché 23 Avril -75. Les Anglois l'attaquent & y sont repoussez 10 Oct. -90.

Keiserlauteren (Allemagne) pris par le Marq. de Bouflers 30 Sep. 88; par Dillon Lieutenant General -13.

Kell, Fort à la tête du Pont de Strasbourg, pris par le Maréchal de Crequi 27 Juillet -78, par le Maréchal de Villars en douze jours 9 Mars -03.

Kempen pris sur les Hollandois en Juin -72.

Kempten pris par M. de Baviere 14 Nov. -03.

La *Kenoque*, Redoute défenduë par le Comte de la Mothe contre l'Armée du Duc de Virtemberg, soutenuë de celle du Prince d'Orange 9 & 20 Juin -95, est surprise par les Alliez 4 Octobre -12.

Keiserswert (Flandre) se rend à l'Electeur de Brandebourg 26 Juin -89; se rend en 59 jours au Prince de Nassau-Saarbrug 15 Juin -02.

Kiern pris par l'Armée de France -13.

Kirchberg, sur l'Iler, pris par le Duc de Baviere -02.

Knotzembourg, Fort, pris par le Vicomte de Turenne 19 Juin -72.

Kocberg, près de Strasbourg, Combat où le Maréchal de Crequi défait les Allemans 8 Octobre -77.

Kocheim, sur la Moselle, forcé par le Marquis de Bouflers 26 Août -89.

Kork, Combat Naval, où le Comte de Château-Renaud met en fuite Herpert Vice-Amiral d'Angleterre 12 May -89.

Kufstein emporté en deux heures par l'Electeur de Baviere 18 Juin -03.

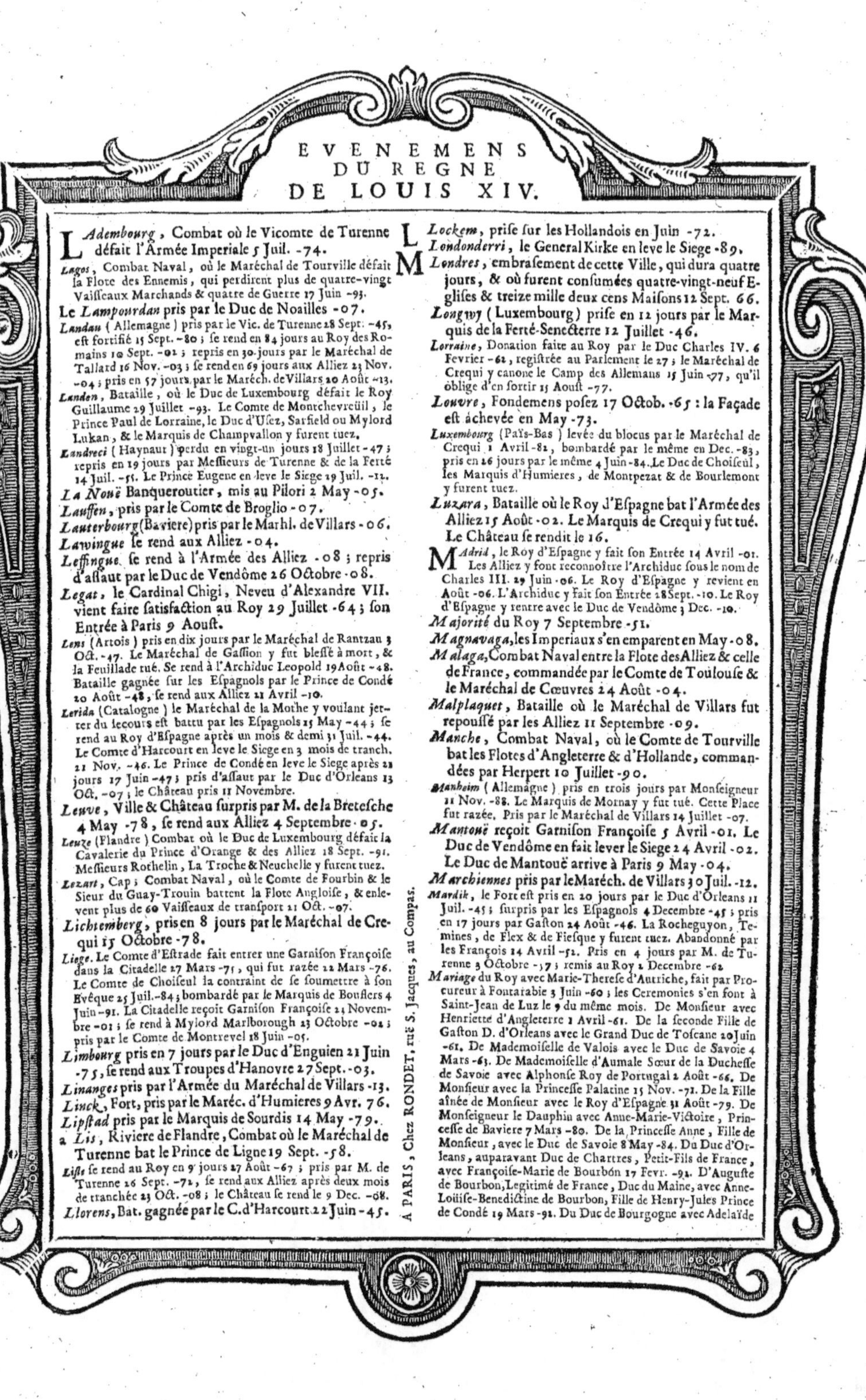

EVENEMENS
DU REGNE
DE LOUIS XIV.

L *Adembourg*, Combat où le Vicomte de Turenne défait l'Armée Imperiale 5 Juil. -74.

Lagos, Combat Naval, où le Maréchal de Tourville défait la Flote des Ennemis, qui perdirent plus de quatre-vingt Vaisseaux Marchands & quatre de Guerre 17 Juin -93.

Le *Lampourdan* pris par le Duc de Noailles -07.

Landau (Allemagne) pris par le Vic. de Turenne 28 Sept. -45, est fortifié 15 Sept. -80; se rend en 84 jours au Roy des Romains 10 Sept. -02; repris en 30 jours par le Maréchal de Tallard 16 Nov. -03; se rend en 69 jours aux Alliez 23 Nov. -04; pris en 57 jours par le Maréch. de Villars 20 Août -13.

Landen, Bataille, où le Duc de Luxembourg défait le Roy Guillaume 29 Juillet -93. Le Comte de Montchevreüil, le Prince Paul de Lorraine, le Duc d'Usez, Sarfield ou Mylord Lukan, & le Marquis de Champvallon y furent tuez.

Landreci (Haynaut) perdu en vingt-un jours 18 Juillet -47; repris en 19 jours par Messieurs de Turenne & de la Ferté 14 Juil. -51. Le Prince Eugene en leve le Siege 19 Juil. -12.

La Noüe Banqueroutier, mis au Pilori 2 May -05.

Lauffen, pris par le Comte de Broglio -07.

Lauterbourg (Baviere) pris par le Marhl. de Villars -06.

Lawingue se rend aux Alliez -04.

Leffingue se rend à l'Armée des Alliez -08; repris d'assaut par le Duc de Vendôme 26 Octobre -08.

Legat, le Cardinal Chigi, Neveu d'Alexandre VII. vient faire satisfaction au Roy 29 Juillet -64; son Entrée à Paris 9 Aoust.

Lens (Artois) pris en dix jours par le Maréchal de Rantzau 3 Oct. -47. Le Maréchal de Gassion y fut blessé à mort, & la Feuillade tué. Se rend à l'Archiduc Leopold 19 Août -48. Bataille gagnée sur les Espagnols par le Prince de Condé 20 Août -48, se rend aux Alliez 21 Avril -10.

Lerida (Catalogne) le Maréchal de la Mothe y voulant jetter du secours est battu par les Espagnols 15 May -44; se rend au Roy d'Espagne après un mois & demi 31 Juil. -44. Le Comte d'Harcourt en leve le Siege en 3 mois de tranch. 21 Nov. -46. Le Prince de Condé en leve le Siege après 21 jours 17 Juin -47; pris d'assaut par le Duc d'Orleans 13 Oct. -07; le Château pris 11 Novembre.

Leuve, Ville & Château surpris par M. de la Bretesche 4 May -78, se rend aux Alliez 4 Septembre -05.

Leuze (Flandre) Combat où le Duc de Luxembourg défait la Cavalerie du Prince d'Orange & des Alliez 18 Sept. -91. Messieurs Rothelin, La Troche & Neuchelle y furent tuez.

Lezart, Cap; Combat Naval, où le Comte de Fourbin & le Sieur du Guay-Trouin battent la Flote Angloise, & enlevent plus de 60 Vaisseaux de transport 21 Oct. -07.

Lichtemberg, pris en 8 jours par le Maréchal de Crequi 15 Octobre -78.

Liege. Le Comte d'Estrade fait entrer une Garnison Françoise dans la Citadelle 27 Mars -75, qui fut razée 22 Mars -76. Le Comte de Choiseul la contraint de se soumettre à son Evêque 25 Juil. -84; bombardé par le Marquis de Boufflers 4 Juin -91. La Citadelle reçoit Garnison Françoise 24 Novembre -01; se rend à Mylord Marlborough 23 Octobre -02; pris par le Comte de Montrevel 18 Juin -05.

Limbourg pris en 7 jours par le Duc d'Enguien 21 Juin -75, se rend aux Troupes d'Hanovre 27 Sept. -03.

Linanges pris par l'Armée du Maréchal de Villars -13.

Linck, Fort, pris par le Maréc. d'Humieres 9 Avr. 76.

Lipstad pris par le Marquis de Sourdis 14 May -79.

a *Lis*, Riviere de Flandre, Combat où le Maréchal de Turenne bat le Prince de Ligne 19 Sept. -58.

Lisle se rend au Roy en 9 jours 17 Août -67; pris par M. de Turenne 26 Sept. -71, se rend aux Alliez après deux mois de tranchée 23 Oct. -08; le Château se rend le 9 Dec. -68.

Llorens, Bat. gagnée par le C. d'Harcourt 22 Juin -45.

L M *Lockem*, prise sur les Hollandois en Juin -72.

Londonderri, le General Kirke en leve le Siege -89.

Londres, embrasement de cette Ville, qui dura quatre jours, & où furent consumées quatre-vingt-neuf Eglises & treize mille deux cens Maisons 12 Sept. 66.

Longwy (Luxembourg) prise en 12 jours par le Marquis de la Ferté-Senecterre 12 Juillet -46.

Lorraine, Donation faite au Roy par le Duc Charles IV. 6 Fevrier -62, registrée au Parlement le 27; le Maréchal de Crequi y canone le Camp des Allemans 15 Juin -77, qu'il oblige d'en sortir 15 Aoust -77.

Louvre, Fondemens posez 17 Octob. -65 : la Façade est achevée en May -73.

Luxembourg (Païs-Bas) levée du blocus par le Maréchal de Crequi 1 Avril -81, bombardé par le même en Dec. -83, pris en 26 jours par le même 4 Juin -84. Le Duc de Choiseul, les Marquis d'Humieres, de Montpezat & de Bourlemont y furent tuez.

Luzara, Bataille où le Roy d'Espagne bat l'Armée des Alliez 15 Août -02. Le Marquis de Crequi y fut tué. Le Château se rendit le 16.

M *Adrid*, le Roy d'Espagne y fait son Entrée 14 Avril -01. Les Alliez y font reconnoître l'Archiduc sous le nom de Charles III. 29 Juin -06. Le Roy d'Espagne y revient en Août -06. L'Archiduc y fait son Entrée 28 Sept. -10. Le Roy d'Espagne y rentre avec le Duc de Vendôme 3 Dec. -10.

Majorité du Roy 7 Septembre -51.

Magnavaga, les Imperiaux s'en emparent en May -08.

Malaga, Combat Naval entre la Flote des Alliez & celle de France, commandée par le Comte de Toulouse & le Maréchal de Cœuvres 24 Août -04.

Malplaquet, Bataille où le Maréchal de Villars fut repoussé par les Alliez 11 Septembre -09.

Manche, Combat Naval, où le Comte de Tourville bat les Flotes d'Angleterre & d'Hollande, commandées par Herpert 10 Juillet -90.

Manheim (Allemagne) pris en trois jours par Monseigneur 11 Nov. -88. Le Marquis de Mornay y fut tué. Cette Place fut razée. Pris par le Maréchal de Villars 14 Juillet -07.

Mantoüe reçoit Garnison Françoise 5 Avril -01. Le Duc de Vendôme en fait lever le Siege 24 Avril -02. Le Duc de Mantoüe arrive à Paris 9 May -04.

Marchiennes pris par le Maréch. de Villars 30 Juil. -12.

Mardik, le Fort est pris en 20 jours par le Duc d'Orleans 11 Juil. -45; surpris par les Espagnols 4 Decembre -45; pris en 17 jours par Gaston 24 Août -46. La Rocheguyon, Temines, de Flex & de Fiesque y furent tuez. Abandonné par les François 14 Avril -51. Pris en 4 jours par M. de Turenne 3 Octobre -57; remis au Roy 2 Decembre -62.

Mariage du Roy avec Marie-Therese d'Autriche, fait par Procureur à Fontarabie 3 Juin -60; les Ceremonies s'en font à Saint-Jean de Luz le 9 du même mois. De Monsieur avec Henriette d'Angleterre 1 Avril -61. De la seconde Fille de Gaston D. d'Orleans avec le Grand Duc de Toscane 20 Juin -61. De Mademoiselle de Valois avec le Duc de Savoie 4 Mars -63. De Mademoiselle d'Aumale Sœur de la Duchesse de Savoie avec Alphonse Roy de Portugal 2 Août -66. De Monsieur avec la Princesse Palatine 15 Nov. -71. De la Fille de Monsieur avec le Roy d'Espagne 31 Août -79. De Monseigneur le Dauphin avec Anne-Marie-Victoire, Princesse de Baviere 7 Mars -80. De la Princesse Anne, Fille de Monsieur, avec le Duc de Savoie 8 May -84. Du Duc d'Orleans, auparavant Duc de Chartres, Petit-Fils de France, avec Françoise-Marie de Bourbon 17 Fevr. -91. D'Auguste de Bourbon, Legitimé de France, Duc du Maine, avec Anne-Loüise-Benedictine de Bourbon, Fille de Henry-Jules Prince de Condé 19 Mars -91. Du Duc de Bourgogne avec Adelaïde

À PARIS, Chez RONDET, rüe S. Jacques, au Compas.

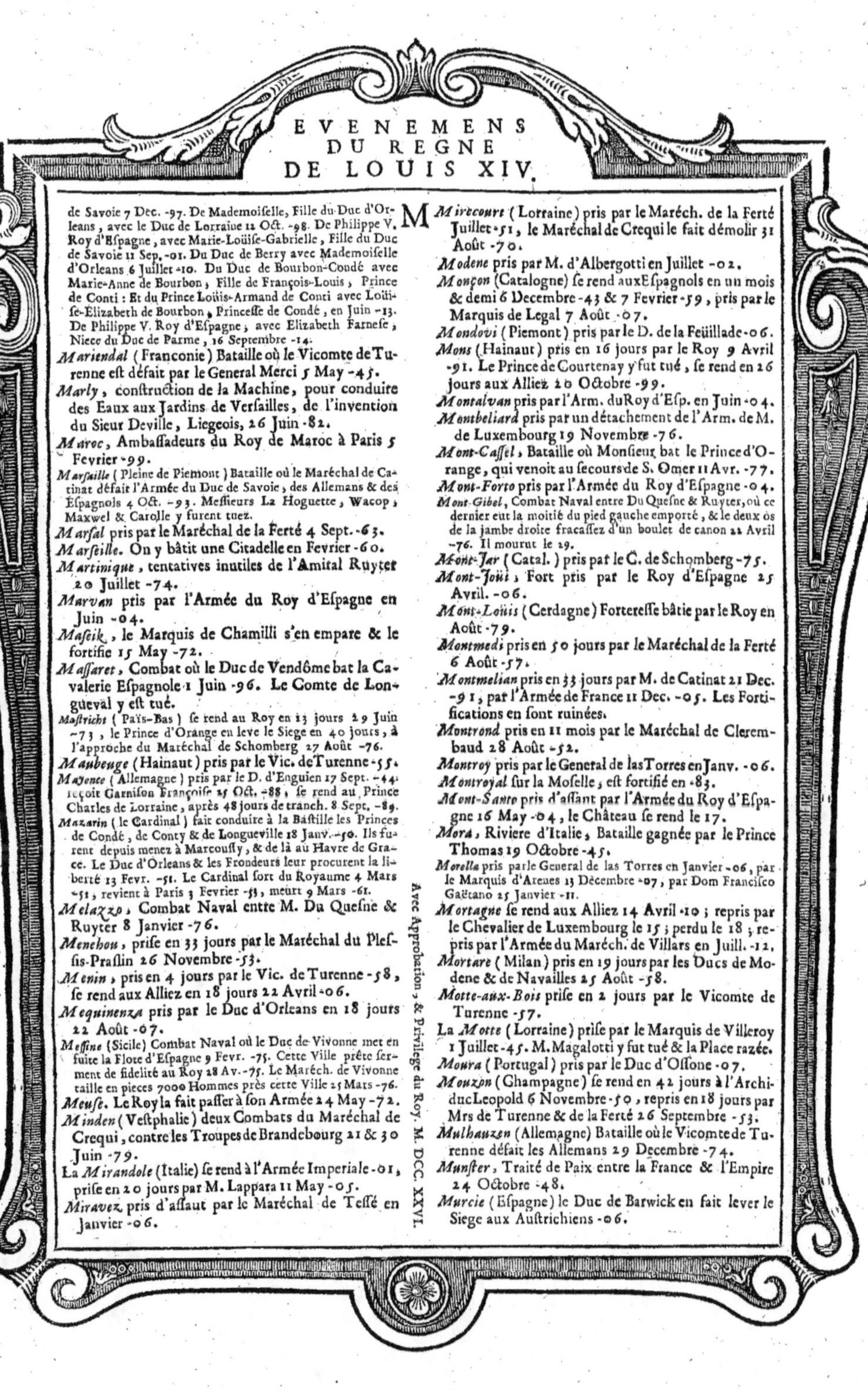

de Savoie 7 Dec. -97. De Mademoiselle, Fille du Duc d'Orleans, avec le Duc de Lorraine 11 Oct. -98. De Philippe V. Roy d'Espagne, avec Marie-Loüise-Gabrielle, Fille du Duc de Savoie 11 Sep. -01. Du Duc de Berry avec Mademoiselle d'Orleans 6 Juillet -10. Du Duc de Bourbon-Condé avec Marie-Anne de Bourbon, Fille de François-Louis, Prince de Conti : Et du Prince Loüis-Armand de Conti avec Loüise-Elizabeth de Bourbon, Princesse de Condé, en Juin -13. De Philippe V. Roy d'Espagne, avec Elizabeth Farnese, Niece du Duc de Parme, 16 Septembre -14.

Mariendal (Franconie) Bataille où le Vicomte de Turenne est défait par le General Merci 5 May -45.

Marly, construction de la Machine, pour conduite des Eaux aux Jardins de Versailles, de l'invention du Sieur Deville, Liegeois, 26 Juin -82.

Maroc, Ambassadeurs du Roy de Maroc à Paris 5 Fevrier -99.

Marsaille (Pleine de Piemont) Bataille où le Maréchal de Catinat défait l'Armée du Duc de Savoie, des Allemans & des Espagnols 4 Oct. -93. Messieurs La Hoguette, Wacop, Maxwel & Carolle y furent tuez.

Marsal pris par le Maréchal de la Ferté 4 Sept. -63.

Marseille. On y bâtit une Citadelle en Fevrier -60.

Martinique, tentatives inutiles de l'Amiral Ruyter 20 Juillet -74.

Marvan pris par l'Armée du Roy d'Espagne en Juin -04.

Maseik, le Marquis de Chamilli s'en empare & le fortifie 15 May -72.

Massaret, Combat où le Duc de Vendôme bat la Cavalerie Espagnole 1 Juin -96. Le Comte de Longueval y est tué.

Mastricht (Païs-Bas) se rend au Roy en 13 jours 29 Juin -73, le Prince d'Orange en leve le Siege en 40 jours, à l'approche du Maréchal de Schomberg 27 Août -76.

Maubeuge (Hainaut) pris par le Vic. de Turenne -55.

Mayence (Allemagne) pris par le D. d'Enguien 17 Sept. -44, reçoit Garnison Françoise 15 Oct. -88, se rend au Prince Charles de Lorraine, après 48 jours de tranch. 8 Sept. -89.

Mazarin (le Cardinal) fait conduire à la Bastille les Princes de Condé, de Conty & de Longueville 18 Janv. -50. Ils furent depuis menez à Marcoussy, & de là au Havre de Grace. Le Duc d'Orleans & les Frondeurs leur procurent la liberté 13 Fevr. -51. Le Cardinal sort du Royaume 4 Mars -51, revient à Paris 3 Fevrier -53, meurt 9 Mars -61.

Melazzo, Combat Naval entre M. Du Quesne & Ruyter 8 Janvier -76.

Menehou, prise en 33 jours par le Maréchal du Plessis-Praslin 26 Novembre -53.

Menin, pris en 4 jours par le Vic. de Turenne -58, se rend aux Alliez en 18 jours 22 Avril -06.

Mequinenza pris par le Duc d'Orleans en 18 jours 22 Août -67.

Messine (Sicile) Combat Naval où le Duc de Vivonne met en fuite la Flote d'Espagne 9 Fevr. -75. Cette Ville prête serment de fidelité au Roy 28 Av. -75. Le Maréch. de Vivonne taille en pieces 7000 Hommes près cette Ville 25 Mars -76.

Meuse. Le Roy la fait passer à son Armée 24 May -72.

Minden (Vestphalie) deux Combats du Maréchal de Crequi, contre les Troupes de Brandebourg 21 & 30 Juin -79.

La *Mirandole* (Italie) se rend à l'Armée Imperiale -01, prise en 20 jours par M. Lappara 11 May -05.

Miravez pris d'assaut par le Maréchal de Tessé en Janvier -06.

M

Mirecourt (Lorraine) pris par le Maréch. de la Ferté Juillet -51, le Maréchal de Crequi le fait démolir 31 Août -70.

Modene pris par M. d'Albergotti en Juillet -02.

Monçon (Catalogne) se rend aux Espagnols en un mois & demi 6 Decembre -43 & 7 Fevrier -59, pris par le Marquis de Legal 7 Août -07.

Mondovi (Piemont) pris par le D. de la Feüillade -06.

Mons (Hainaut) pris en 16 jours par le Roy 9 Avril -91. Le Prince de Courtenay y fut tué, se rend en 26 jours aux Alliez 20 Octobre -99.

Montalvan pris par l'Arm. du Roy d'Esp. en Juin -04.

Montbeliard pris par un détachement de l'Arm. de M. de Luxembourg 19 Novembre -76.

Mont-Cassel, Bataille où Monsieur bat le Prince d'Orange, qui venoit au secours de S. Omer 11 Avr. -77.

Mont-Forto pris par l'Armée du Roy d'Espagne -04.

Mont-Gibel, Combat Naval entre Du Quesne & Ruyter, où ce dernier eut la moitié du pied gauche emporté, & le deux ôs de la jambe droite fracassez d'un boulet de canon 22 Avril -76. Il mourut le 29.

Mont-Jar (Catal.) pris par le C. de Schomberg -75.

Mont-Joüi, Fort pris par le Roy d'Espagne 25 Avril. -06.

Mont-Loüis (Cerdagne) Forteresse bâtie par le Roy en Août -79.

Montmedi pris en 50 jours par le Maréchal de la Ferté 6 Août -57.

Montmelian pris en 33 jours par M. de Catinat 21 Dec. -91, par l'Armée de France 11 Dec. -05. Les Fortifications en sont ruinées.

Montrond pris en 11 mois par le Maréchal de Clerembaud 28 Août -52.

Montroy pris par le General de las Torres en Janv. -06.

Montroyal sur la Moselle, est fortifié en -83.

Mont-Santo pris d'assant par l'Armée du Roy d'Espagne 16 May -04, le Château se rend le 17.

Mora, Riviere d'Italie, Bataille gagnée par le Prince Thomas 19 Octobre -45.

Morella pris par le General de las Torres en Janvier -06, par le Marquis d'Arenes 13 Décembre -07, par Dom Francisco Gaëtano 25 Janvier -11.

Mortagne se rend aux Alliez 14 Avril -10; repris par le Chevalier de Luxembourg le 15; perdu le 18; repris par l'Armée du Maréch. de Villars en Juill. -12.

Mortare (Milan) pris en 19 jours par les Ducs de Modene & de Navailles 25 Août -58.

Motte-aux-Bois prise en 2 jours par le Vicomte de Turenne -57.

La *Motte* (Lorraine) prise par le Marquis de Villeroy 1 Juillet -45. M. Magalotti y fut tué & la Place razée.

Moura (Portugal) pris par le Duc d'Ossone -07.

Mouzon (Champagne) se rend en 42 jours à l'Archiduc Leopold 6 Novembre -50, repris en 18 jours par Mrs de Turenne & de la Ferté 26 Septembre -53.

Mulhauzen (Allemagne) Bataille où le Vicomte de Turenne défait les Allemans 29 Decembre -74.

Munster, Traité de Paix entre la France & l'Empire 24 Octobre -48.

Murcie (Espagne) le Duc de Barwick en fait lever le Siege aux Austrichiens -06.

N *Aerden* (Holl.) pris par le Marq. de Rochefort 12 Juil. -72, repris par les Holland. 14 Sept. -73.

Nago Chât. pris par le Duc de Vendôme 4 Août -03.

Naissance de Monseigneur le Dauphin 1 Nov. 61; de Loüis Duc de Bourgogne 6 Août -82; de Philippe Duc d'Anjou 19 Dec. -83; de Charles Duc de Berri 31 Août -86; de Jacques Prince de Galles 20 Juin -88; du Duc de Bretagne 25 Juin -04; du second Duc de Bretagne 8 Janv. -07; du Prince des Asturies 25 Ao. -07; de l'Infant Don Philippe en Juin -09; de Louis XV 15 Fev. -10; du second Infant Don Philippe 1 Juin -12; de Ferdinand dernier Fils du Roy d'Espagne 23 Sept. -13.

Namur (Païs-Bas) se rend en 7 j. au Roy 5 Juin -92, le Château se rend en 22 jours le 30. Se rend en 26 jours au Prince d'Orange & à l'Electeur de Baviere 4 Août -95, le Château se rend 2 Sept. Les Comtes de Morstein, de Colbert-Maulevrier, le Marquis de Vieuxbourg & La Forest y furent tuez. Bombardé par les Alliez depuis le 26 jusqu'au 29 Juillet -04.

Nancy (Lorraine) est fortifié par ordre du Roy en Août -73. Le C. de Tallard y met Garnison 3 Dec. -02.

Naples, le Duc de Guise en défend le Siege contre les Espagn. 15 Nov. 47. Conjuration de Cezar d'Avalos en Avril -01, se rend aux Imper. comm. par le General Thaun 7 Juil. -07.

Naviglio, Bataille où le Duc de Vendôme défait le Prince Eugene 17 Août -05.

Norwinde, Bataille où le Maréchal Duc de Luxembourg défait le Prince d'Orange 29 Juillet -93. Le Comte de Montchevreüil, le Prince Paul de Lorraine, le Duc d'Usez, Mylord Lukam, & le Marq. de Champvalon y furent tuez.

Neubourg sur le Danube, pris par le Marq. de Villars 12 Oct. -02, par l'Elect. de Baviere en 3 j. 3 Fev. -03.

Neustad Bourg, pris par un Détachement des Troupes du Chevalier d'Asfeldt 25 Decembre -13.

Neustatel se rend au Comte de Stirum -03.

Nice de la Paille (Montferrat) rendu aux Espagnols 23 May -47; pris en 6 jours par M. de Catinat 2 Avril -91; par le Duc de la Feüillade 9 Avril -05, par le Duc de Barwick 13 Novembre -05. Le Château le 26 & le Donjon 4 Janv. -06.

Nieumark se rend au Comte de Stirum -03.

Nimegue (Gueldre) pris en 6 j. par le Vic. de Turenne 9 Juil. -72, abandonné 30 Av. -74. Les Hollandois y signent la Paix 10 Août -78; les Espagnols le 17 Sept.; l'Empereur & les Princes de l'Empire le 5 Fev. -79; la Suede & l'Evêque de Munster le 29 Mars. Combat où le Duc de Bourgogne défait les Holland. command. par le C. d'Athlone 11 Juin -02.

Nortlingue (Souabe) Bataille où le Duc d'Enguien & les Maréchaux de Grammont & de Turenne défont les Allemans commandez par le General Mercy, qui y fut tué 3 Août -45. La Chastre y fut blessé à mort : Livry, Pisani, de Boury & Chastelus y furent tuez. Cette Ville est prise en Août -45.

Novagne sur la Meuse, pris en 4 jours par le Maréchal de Bellefons 22 May -74.

Novellara (Mantoüan) se rend à l'Arm. Imper. -01.

Nuremberg, Traité de Paix fait en consequence de celuy de Munster 2 Juillet -50.

Nuys sur le Rhin, les Franç. s'en emparent Janv. -79.

O *Bservatoire* bâti à Paris pour la demeure des Mathematiciens en Janvier -79.

Offenbourg (Allem.) pr. par le Marhl de Villars Fev. -03.

Olonne (Sables d') bomb. par Myl. Barclay 16 Juil. -96.

Olivença rendu aux Espagnols -57.

Onelie bombardé par le Comte d'Estrées -91.

Oppenheim pris par Monsgr. le Dauphin 11 Nov. -88.

Oran abandonné par les Espagnols en Janvier -08.

Orange sur le Rhône. Fortifications razées Juil. -06.

Orbitelle (Italie) levée du Siege 12 Juillet -46, se rend aux Imperiaux 20 Decembre -07.

N O P *Ordre de S. Loüis* institué par le Roy en Avril -93.

Ordre de S. Michel, rétablissement 12 Janvier -65.

Origuela (Valence) pris par le Duc de Barwick -06.

Orsoy (Allemagne) pris en 3 jours par le Roy 3 Juin -72.

Ostalrich forcé par le Maréch. Duc de Noailles 20 Juil. -94. Le Duc d'Escalone en leve le Siege après 6 jours de Tranchée 11 Septembre, est razé 28 Juillet -95.

Ostende (Flandre) se rend en 10 jours au General d'Owerkerk 6 Juillet -06.

Ostiglia pris par M. le Grand-Prieur de France -04.

Oudenarde (Flandre) pris en 3 jours par M. de Turenne 9 Sept. -58, en 2 jours 31 Juillet -67. Le Prince d'Orange en leve le Siege aux approches du Prince de Condé 21 Août -74; se rend aux Alliez May -06; Bataille où les Ducs de Bourgogne & de Vendôme défont les Alliez 11 Juil. -08. Mrs Duplessis Major de la Gendarmerie, Roquelaure Cap. de la Gend. le Marq. de la Porte Sous-Lieut. de la Gend. Chimene Col. du Royal-Roussillon & la Bretesche, y furent tuez.

Oudenbourg se rend aux Alliez -08.

P *Aix*. Traitez de Paix signez à Utrecht, entre la France, l'Angleterre, la Hollande, le Portugal, la Prusse & la Savoie 11 Avril -13, publié à Paris 22 May; entre l'Angleterre & l'Espagne 13 Decembre -13; entre l'Espagne & le Portugal 6 Fev. -15; entre l'Empereur & la France, signé à Rastadt 6 Mars -14; avec l'Empire, signé à Bade 6 Sept.

Palamos (Catal.) pris d'assaut par le Maréch. de Noailles par terre, & le Maréch. de Tourville par mer 7 Juin -94; le Château pris le 10. Castanaga & Russel, qui l'assieg. l'un par terre & l'autre par mer, en levent le Siege aux approches du D. de Vendôme 25 Août -95. Cette Place a été démolie.

Palazzuolo (Milanez) se rend aux Imperiaux -05.

Palerme (Sicile) le Maréchal Duc de Vivonne brûle ou coule à fond la Flote d'Espag. & d'Holl. dans ce Port 2 Juin -71.

Pape, Mort d'Innocent XII 27 Septembre -01. Election de Clement XI. 23 Novembre.

Paris, Barricades à l'occasion de l'Emprisonnement du Conseiller Broussel & du President de Blancmesnil 26 Août -48. La Cour se retire de Paris à Saint-Germain 6 Janv. -49. Guerre de Paris, que le Prince de Condé bloque avec 7000 hom. Le Parlement declare le Card. Mazarin ennemi de l'Etat 8 Janv. -49. Les troubles sont appaisez 3 Av. Le Roy retourne à Paris 21 Oct. -52. Le Titre de Duché-Pairie est attaché à l'Archevêché en Ay. -74. Loüis-Antoine de Noailles Archevêque 10 Nov. -95. reçoit le Chapeau de Card. 19 Juil. -00.

Partage, Traité entre le Roy, l'Angleterre & les Etats Generaux, pour le Partage de la Monarchie d'Espagne, signé à Londres 13 Mars -66.

Passau (Bav.) Comb. où le D. de Baviere défait le Gen. Schlick -03; pris par l'Elect. de Baviere 9 Janv. -04.

Pavie. Le Siege en est levé après 50 jours 14 Sept. -55.

Pavillon. Le Roy ordonne de faire baisser par tout le Pavillon aux Esp. en Juin -80. Papachin Vice-Am. d'Esp. est obligé de baisser le Pavillon devant le C. de Tourville 2 Juin -88.

Peirouse se rend au Duc de Savoie -08.

Penna-Garcia pris par l'Armée du Roy d'Espagne -04.

Peronne (Picardie) conservée par le Vic. de Turenne Sept. -56.

Perse, Mehemet-Riza-Beg Ambassadeur fait son Entrée à Paris 7 Fevrier -15, eut Audience du Roy le 19, a son Audience de Congé 13 Août -15.

Paiscaira dans l'Abruze se rend aux Imperiaux -07.

Phalsbourg (Lorraine) fortifié en Septembre -80.

Philisbourg (Allemagne) pris en 11 j. par le D. d'Enguien 9 Sept. -44; la Garnison y est maintenuë Oct. -48; rendu au Pr. Charles de Lotraine après 6 m. de blocus & 70 j. de Tr. 17 Sept. -76, pris en 24 j. par Monseigneur le Dauphin 28 Oct. -88. Mrs du Bordage, de Nesle, La Londe, de Denonville, de Courtin & Chauvelin y furent tuez.

A PARIS, Chez RONDET, ruë S. Jacques, au Compas.

Phorzeim, Combat où le Maréchal Duc de Lorges défait les Allemans, & prend le Duc de Virtemberg leur General 17. Septembre -92.

Pignerol (Piemont) le Duc de Savoie le bombarde & en leve le Siege 4 Octobre -93, est razé en -96.

Piombino (Italie) pris en 2 jours par les Maréchaux du Plessis-Praslin & de la Meilleraye 8 Octobre -46, se rend en 25 jours aux Espagnols 18 Juin -50.

Pise (Italie) Traité de Paix avec le Pape 12 Fevr. -64.

Pissgithone sur l'Adda, se rend en 3 semaines au Duc de Savoie 27 Octobre -06.

Placentia se rend aux Portugais -07.

Plassendal, Fort sur le Canal de Bruges, se rend aux Alliez -06, pris par le Comte de la Mothe 5 Juil. -08.

Pont-d'Esture pris par le Maréch. du Plessis-Praslin 28 Oct. -43.

Pontichery se rend aux Hollandois 5 Octobre -93.

Pont-Major (Catalogne) Bataille où le Maréchal de Bellefons défait les Espagnols en May -84.

Pont-Oglio se rend aux Imperiaux -05.

Pont-Royal à Paris, les Fondemens en sont jettez 25 Oct. -85.

Portalegre (Portugal) d pris par l'Armée du Roy d'Espagne 8 Juin -04.

Port-Mahon, la Flote des Alliez s'en empare 29 Sept. -08.

Portolongone pris en 10 jours par les Maréchaux de la Meilleraye & du Plessis-Praslin 29 Octobre -46, perdu après 47 jours de Siege 15 Août -50. Les Impériaux en levent le Blocus après 4 mois 16 May -08.

Portugal, le Roy de Portugal entre dans la grande Alliance 16 May -03.

Provença pris par l'Armée du Roy d'Espagne -04.

Puebla pris par le Roy d'Espagne 30 May -04.

Puycerda pris en 3 j. par le Prince de Conti 2 Oct. -54, par le Maréchal de Navailles en 29 j. 28 May -78.

Pyrenées, Traité de Paix entre la France & l'Espagne 7 Novembre -59.

Les **Q**Uatre Clochers pris par l'Armée du Maréchal de Villars -12.

Quers Cap en Catalogne, pris par le Pr. de Conti -55.

Quesnoy (Hainaut) pris par M. de Turenne 6 Septembre -54, se rend au Prince Eugene après 15 jours de Siege 4 Juillet -12; pris en 16 jours par le Maréchal de Villars 4 Oct. -12.

RAguze, Tremblement de terre où plus de 6000 Habitans périrent 18 Avril -66.

Rain se rend en 3 jours aux Alliez 16 Juillet -04.

Ramilli, Bat. où le Maréc. de Villeroy fut défait par le D. de Marlborough le jour de la Pentec. 23 May -06.

Rastadt pris par le Maréchal de Villars en Fevr. -03.

Ratisbonne, Trève concluë entre la France & l'Espagne 10 Août -84, pris par le Duc de Baviere 8 Avril -03.

Rattemberg se rend au Duc de Baviere 13 Juin -03.

Ravensperg (Vestphalie) pris par le Marquis de Renel 17 Mars -73.

Réez pris par le Vicomte de Turenne 7 Juin -72, abandonné 6 May -74.

Regale, Edit pour la Regale dans tout le Royaume 12 Novembre -73.

Regence, la Reine Mere est declarée Regente par le Parlement 18 May -43. Le Roy la declare Regente pendant son absence 25 Avril -72.

Reggio, levée du Siege par le Duc de Modene -55, reçoit Garnison Françoise 28 Juillet -02, se rend aux Imperiaux en Août -06.

Renaze, pris par les Troupes du Marquis de Feuquieres -91.

Renonciation du Roy d'Espagne à la Couronne de France 5 Novembre -12.

Requena, pris par le Duc d'Orleans 2 May -07.

Retz (le Card. de) le Roy le fait arrêter 19 Dec. -52.

Revere, pris par le Grand-Prieur 10 Avril -04.

Rhé (Fort de l'Isle de) bombardé par Mylord Barclay 15 Juillet -96.

Rhenen, pris sur les Hollandois en Juin -72.

Rhetel se rend aux Espagnols en Août -50, repris par le Maréchal du Plessis-Praslin 14 Dec. -50. Bataille où ce Maréchal défait l'Armée du Vicomte de Turenne & des Espagnols 15 Decembre -50. Le Comte de Choiseul & M. de l'Hôpital y furent tuez. Se rend à M. le Prince 3 Oct. -52. Pris en 4 jours par Mrs de Turenne & de la Ferté 9 Juil. -53.

Rhimberg (Allemagne) se rend en 5 jours au Roy 6 Juin -72, rendu à l'Electeur de Cologne 22 Avril -74; se rend au Comte de Lottum, après 4 mois de blocus 5 Fevrier -03.

Rhin, l'Armée de France le passe à la nage, en presence des Ennemis. M. le Prince y fut blessé, M. le Duc de Longueville tué, & le Comte de Nogent noyé 12 Juillet -72. Le Comte de Lorges repousse les Ennemis à la tête du Pont 1 Août -75. Le Marquis de Vaubrun y fut tué.

Rhinfelds, sur le Rhin : Bat. à la tête du Pont, où le Maréch. de Crequi défait le Comte de Staremberg 6 Juil. -78, bomb. par le Marquis de Joyeuse le 7; levée du Siege 8 Janv. -93.

Ribagorça, Comté pris par le Chevalier d'Asfeld -06.

Rio-Janeiro, Ville de Portugal au Bresil, prise & pillée par Du Guay-Trouin en Sept. -11.

Rocca-di-Vigevano, prise par le Prince Thomas 12 Septembre -45.

Rochefort, à l'embouchure de la Charente, bâti & fortifié en Juin -79.

Rocroy (Champagne) Bataille, où le Duc d'Enguien défait l'Armée Espagnole 19 May -43, perdu après 15 jours de Siege 30 Septembre -53.

Rodenhuis (Flandre) Fort pris par le Maréchal de Schomberg 12 Mars -78.

Rome, la Garde Corse du Pape y insulte le Duc de Crequi Ambassadeur du Roy 20 Août -62. Le Cardinal Imperiale fait à Paris satisfaction au Roy 18 Août -64.

La *Roquette*, Bataille gagnée par le Maréchal de Grancey sur le Marquis de Caracene 23 Septembre -53.

Roses (Catalogne) pris par le Maréchal du Plessis-Praslin 26 May -45, se rend après 8 jours de Siege, par terre par le Duc de Noailles; & par mer par le Comte d'Estrées 9 Juin -93.

Rosmarinos, pris par l'Armée du Roy d'Espagne -04.

Rotenhuis, Fort à la tête du Canal du Saz-de-Gand, pris par l'Armée de France en Juillet -08.

Rotewil, pris en 5 jours par le Maréch. de Guebriant 19 Nov. -43, qui y meurt de sa blessure. Combat où le Vic. de Turenne remporte la Victoire 3 Juin -44.

Roussillon, les Espagnols en sont chassez par le Comte de Schomberg 26 Juin -74.

Roye, perduë en 3 jours 5 Août -53.

Rumersheim (Allemagne) Bataille, où le Comte du Bourg défait le Comte de Mercy 26 Août -09.

Ruremonde (Flandre) se rend en 5 jours au Prince de Nassau-Saarbruck 7 Oct. -02. Il y mourut le 17.

Ryswick, Traité de Paix entre la France, l'Espagne, l'Angleterre & la Hollande 20 Septembre -97, entre la France & l'Empire 30 Octobre -97.

Avec Approbation, & Privilege du Roy. M. DCC. XXVI.

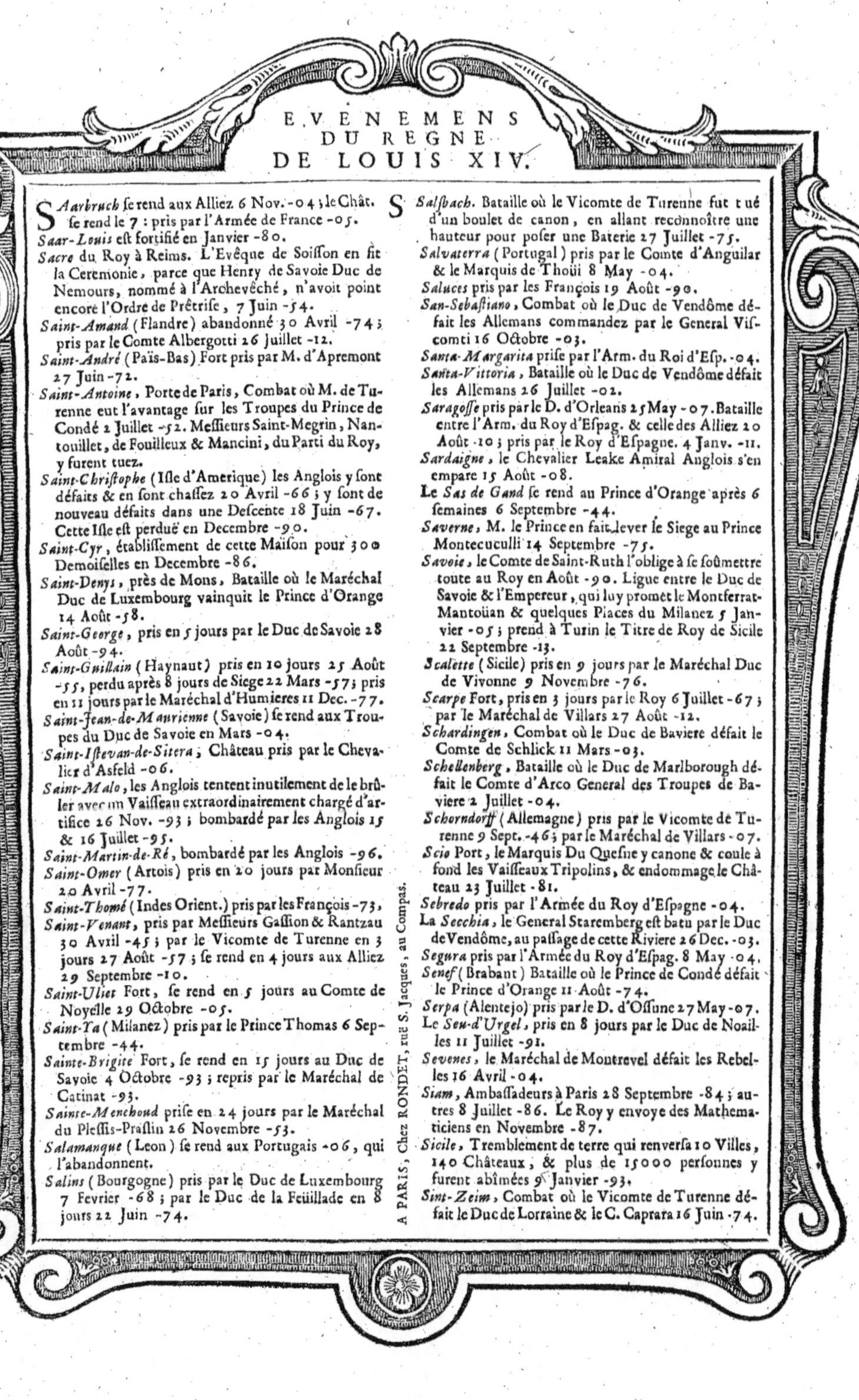

S *Aarbruch* se rend aux Alliez 6 Nov. -04; le Chât. se rend le 7: pris par l'Armée de France -05.

Saar-Louis est fortifié en Janvier -80.

Sacre du Roy à Reims. L'Evêque de Soisson en fit la Ceremonie, parce que Henry de Savoie Duc de Nemours, nommé à l'Archevêché, n'avoit point encore l'Ordre de Prêtrise, 7 Juin -54.

Saint-Amand (Flandre) abandonné 30 Avril -74; pris par le Comte Albergotti 26 Juillet -12.

Saint-André (Païs-Bas) Fort pris par M. d'Apremont 27 Juin -72.

Saint-Antoine, Porte de Paris, Combat où M. de Turenne eut l'avantage sur les Troupes du Prince de Condé 2 Juillet -52. Messieurs Saint-Megrin, Nantouillet, de Fouilleux & Mancini, du Parti du Roy, y furent tuez.

Saint-Christophe (Isle d'Amerique) les Anglois y sont défaits & en sont chassez 20 Avril -66; y sont de nouveau défaits dans une Descente 18 Juin -67. Cette Isle est perduë en Decembre -90.

Saint-Cyr, établissement de cette Maison pour 300 Demoiselles en Decembre -86.

Saint-Denys, près de Mons, Bataille où le Maréchal Duc de Luxembourg vainquit le Prince d'Orange 14 Août -58.

Saint-George, pris en 5 jours par le Duc de Savoie 28 Août -94.

Saint-Guillain (Haynaut) pris en 10 jours 25 Août -55, perdu après 8 jours de Siege 22 Mars -57; pris en 11 jours par le Maréchal d'Humieres 11 Dec. -77.

Saint-Jean-de-Maurienne (Savoie) se rend aux Troupes du Duc de Savoie en Mars -04.

Saint-Istevan-de-Sitera, Château pris par le Chevalier d'Asfeld -06.

Saint-Malo, les Anglois tentent inutilement de le brûler avec un Vaisseau extraordinairement chargé d'artifice 26 Nov. -93; bombardé par les Anglois 15 & 16 Juillet -95.

Saint-Martin-de-Ré, bombardé par les Anglois -96.

Saint-Omer (Artois) pris en 20 jours par Monsieur 20 Avril -77.

Saint-Thomé (Indes Orient.) pris par les François -73.

Saint-Venant, pris par Messieurs Gassion & Rantzau 30 Avril -45; par le Vicomte de Turenne en 3 jours 27 Août -57; se rend en 4 jours aux Alliez 29 Septembre -10.

Saint-Uliet Fort, se rend en 5 jours au Comte de Noyelle 29 Octobre -05.

Saint-Ya (Milanez) pris par le Prince Thomas 6 Septembre -44.

Sainte-Brigite Fort, se rend en 15 jours au Duc de Savoie 4 Octobre -93; repris par le Maréchal de Catinat -93.

Sainte-Menehoud prise en 24 jours par le Maréchal du Plessis-Praslin 26 Novembre -53.

Salamanque (Leon) se rend aux Portugais -06, qui l'abandonnent.

Salins (Bourgogne) pris par le Duc de Luxembourg 7 Fevrier -68; par le Duc de la Feüillade en 8 jours 22 Juin -74.

A PARIS, Chez RONDET, rue S. Jacques, au Compas.

S *Salsbach*. Bataille où le Vicomte de Turenne fut tué d'un boulet de canon, en allant reconnoître une hauteur pour poser une Baterie 27 Juillet -75.

Salvaterra (Portugal) pris par le Comte d'Anguilar & le Marquis de Thoüi 8 May -04.

Saluces pris par les François 19 Août -90.

San-Sebastiano, Combat où le Duc de Vendôme défait les Allemans commandez par le General Viscomti 16 Octobre -03.

Santa-Margarita prise par l'Arm. du Roi d'Esp. -04.

Santa-Vittoria, Bataille où le Duc de Vendôme défait les Allemans 26 Juillet -02.

Saragosse pris par le D. d'Orleans 25 May -07. Bataille entre l'Arm. du Roy d'Espag. & celle des Alliez 20 Août -10; pris par le Roy d'Espagne 4 Janv. -11.

Sardaigne, le Chevalier Leake Amiral Anglois s'en empare 15 Août -08.

Le *Sas de Gand* se rend au Prince d'Orange après 6 semaines 6 Septembre -44.

Saverne, M. le Prince en fait lever le Siege au Prince Montecuculli 14 Septembre -75.

Savoie, le Comte de Saint-Ruth l'oblige à se soûmettre toute au Roy en Août -90. Ligue entre le Duc de Savoie & l'Empereur, qui luy promet le Montferrat-Mantoüan & quelques Places du Milanez 5 Janvier -05; prend à Turin le Titre de Roy de Sicile 22 Septembre -13.

Scalette (Sicile) pris en 9 jours par le Maréchal Duc de Vivonne 9 Novembre -76.

Scarpe Fort, pris en 3 jours par le Roy 6 Juillet -67; par le Maréchal de Villars 27 Août -12.

Schardingen, Combat où le Duc de Baviere défait le Comte de Schlick 11 Mars -03.

Schellenberg, Bataille où le Duc de Marlborough défait le Comte d'Arco General des Troupes de Baviere 2 Juillet -04.

Schorndorff (Allemagne) pris par le Vicomte de Turenne 9 Sept. -46; par le Maréchal de Villars -07.

Scio Port, le Marquis Du Quesne y canone & coule à fond les Vaisseaux Tripolins, & endommage le Château 23 Juillet -81.

Sebredo pris par l'Armée du Roy d'Espagne -04.

La *Secchia*, le General Staremberg est batu par le Duc de Vendôme, au passage de cette Riviere 26 Dec. -03.

Segura pris par l'Armée du Roy d'Espag. 8 May -04.

Senef (Brabant) Bataille où le Prince de Condé défait le Prince d'Orange 11 Août -74.

Serpa (Alentejo) pris par le D. d'Ossune 27 May -07.

Le *Seu-d'Urgel*, pris en 8 jours par le Duc de Noailles 11 Juillet -91.

Sevenes, le Maréchal de Montrevel défait les Rebelles 16 Avril -04.

Siam, Ambassadeurs à Paris 28 Septembre -84; autres 8 Juillet -86. Le Roy y envoye des Mathematiciens en Novembre -87.

Sicile, Tremblement de terre qui renversa 10 Villes, 140 Châteaux, & plus de 15000 personnes y furent abîmées 9 Janvier -93.

Sint-Zeim, Combat où le Vicomte de Turenne défait le Duc de Lorraine & le C. Caprara 16 Juin -74.

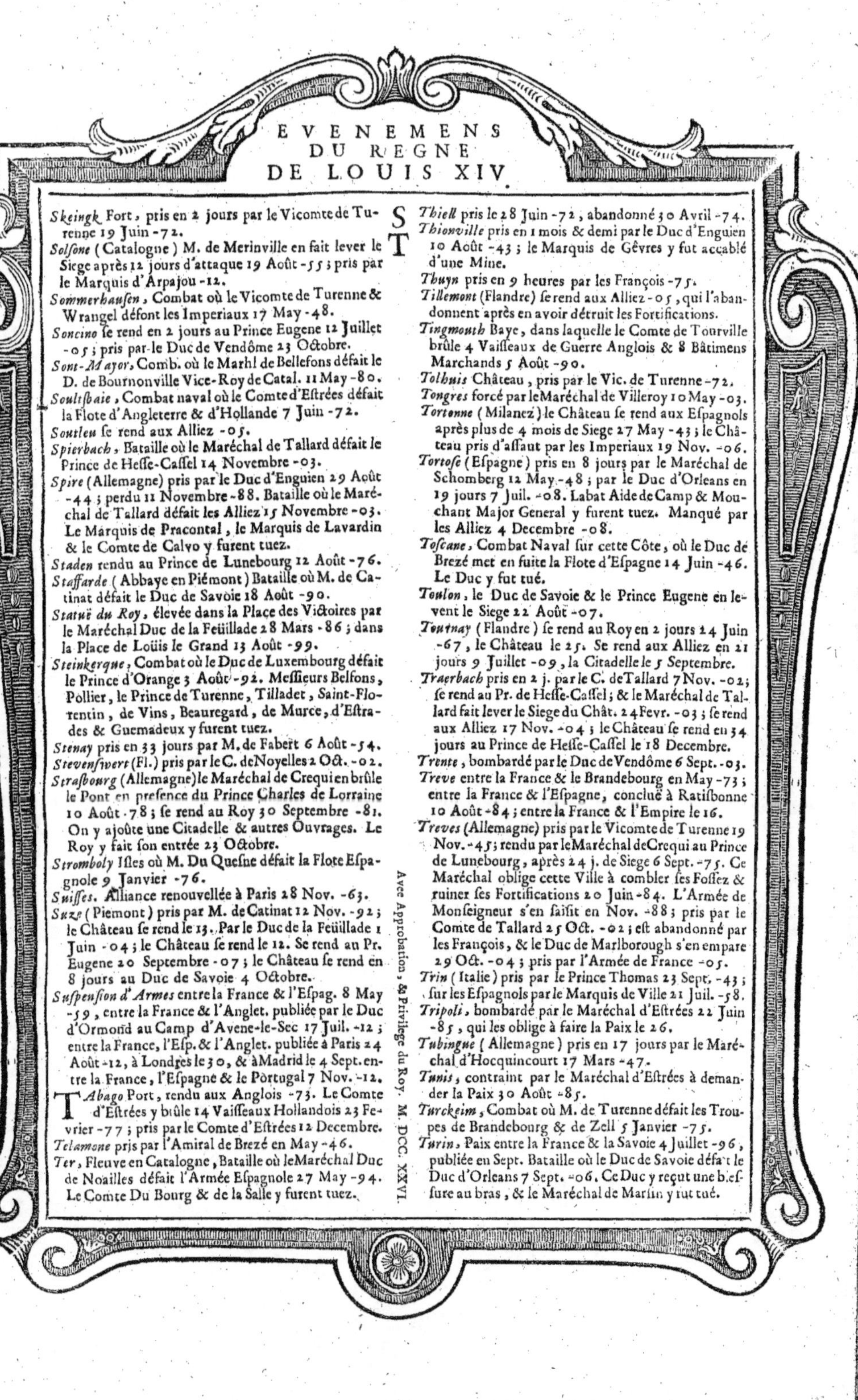

Skeingk Fort, pris en 2 jours par le Vicomte de Turenne 19 Juin -72.

Solfone (Catalogne) M. de Merinville en fait lever le Siege après 12 jours d'attaque 19 Août -55 ; pris par le Marquis d'Arpajou -12.

Sommerhaufen, Combat où le Vicomte de Turenne & Wrangel défont les Imperiaux 17 May -48.

Soncino se rend en 2 jours au Prince Eugene 12 Juillet -05 ; pris par le Duc de Vendôme 23 Octobre.

Sont-Mayor, Comb. où le Marhl de Bellefons défait le D. de Bournonville Vice-Roy de Catal. 11 May -80.

Soultfbaie, Combat naval où le Comte d'Estrées défait la Flote d'Angleterre & d'Hollande 7 Juin -72.

Soutleu se rend aux Alliez -05.

Spierbach, Bataille où le Maréchal de Tallard défait le Prince de Hesse-Cassel 14 Novembre -03.

Spire (Allemagne) pris par le Duc d'Enguien 29 Août -44 ; perdu 11 Novembre -88. Bataille où le Maréchal de Tallard défait les Alliez 15 Novembre -03. Le Marquis de Pracontal, le Marquis de Lavardin & le Comte de Calvo y furent tuez.

Staden rendu au Prince de Lunebourg 12 Août -76.

Staffarde (Abbaye en Piémont) Bataille où M. de Catinat défait le Duc de Savoie 18 Août -90.

Statuë du Roy, élevée dans la Place des Victoires par le Maréchal Duc de la Feüillade 28 Mars -86 ; dans la Place de Loüis le Grand 13 Août -99.

Steinkerque, Combat où le Duc de Luxembourg défait le Prince d'Orange 3 Août -92. Messieurs Belfons, Pollier, le Prince de Turenne, Tilladet, Saint-Florentin, de Vins, Beauregard, de Murce, d'Estrades & Guemadeux y furent tuez.

Stenay pris en 33 jours par M. de Fabert 6 Août -54.

Stevensfwert (Fl.) pris par le C. de Noyelles 2 Oct. -02.

Strasbourg (Allemagne) le Maréchal de Crequi brûle le Pont en presence du Prince Charles de Lorraine 10 Août -78 ; se rend au Roy 30 Septembre -81. On y ajoûte une Citadelle & autres Ouvrages. Le Roy y fait son entrée 23 Octobre.

Stromboly Isles où M. Du Quesne défait la Flote Espagnole 9 Janvier -76.

Suisses. Alliance renouvellée à Paris 28 Nov. -63.

Suze (Piemont) pris par M. de Catinat 12 Nov. -92 ; le Château se rend le 13. Par le Duc de la Feüillade 1 Juin -04 ; le Château se rend le 12. Se rend au Pr. Eugene 20 Septembre -07 ; le Château se rend en 8 jours au Duc de Savoie 4 Octobre.

Suspension d'Armes entre la France & l'Espag. 8 May -59, entre la France & l'Anglet. publiée par le Duc d'Ormond au Camp d'Avene-le-Sec 17 Juil. -12 ; entre la France, l'Esp. & l'Anglet. publiée à Paris 24 Août -12, à Londres le 30, & à Madrid le 4 Sept. entre la France, l'Espagne & le Portugal 7 Nov. -12.

T Abago Port, rendu aux Anglois -73. Le Comte d'Estrées y brûle 14 Vaisseaux Hollandois 23 Fevrier -77 ; pris par le Comte d'Estrées 12 Decembre.

Telamone pris par l'Amiral de Brezé en May -46.

Ter, Fleuve en Catalogne, Bataille où le Maréchal Duc de Noailles défait l'Armée Espagnole 27 May -94. Le Comte Du Bourg & de la Salle y furent tuez.

Thiell pris le 28 Juin -72, abandonné 30 Avril -74.

Thionville pris en 1 mois & demi par le Duc d'Enguien 10 Août -43 ; le Marquis de Gêvres y fut accablé d'une Mine.

Thuyn pris en 9 heures par les François -75.

Tillemont (Flandre) se rend aux Alliez -05, qui l'abandonnent après en avoir détruit les Fortifications.

Tingmouth Baye, dans laquelle le Comte de Tourville brûle 4 Vaisseaux de Guerre Anglois & 8 Bâtimens Marchands 5 Août -90.

Tolhuis Château, pris par le Vic. de Turenne -72.

Tongres forcé par le Maréchal de Villeroy 10 May -03.

Tortonne (Milanez) le Château se rend aux Espagnols après plus de 4 mois de Siege 27 May -43 ; le Château pris d'assaut par les Imperiaux 19 Nov. -06.

Tortose (Espagne) pris en 8 jours par le Maréchal de Schomberg 12 May -48 ; par le Duc d'Orleans en 19 jours 7 Juil. -08. Labat Aide de Camp & Mouchant Major General y furent tuez. Manqué par les Alliez 4 Decembre -08.

Toscane, Combat Naval sur cette Côte, où le Duc de Brezé met en fuite la Flote d'Espagne 14 Juin -46. Le Duc y fut tué.

Toulon, le Duc de Savoie & le Prince Eugene en levent le Siege 22 Août -07.

Tournay (Flandre) se rend au Roy en 2 jours 24 Juin -67, le Château le 25. Se rend aux Alliez en 21 jours 9 Juillet -09, la Citadelle le 5 Septembre.

Traerbach pris en 2 j. par le C. de Tallard 7 Nov. -02 ; se rend au Pr. de Hesse-Cassel ; & le Maréchal de Tallard fait lever le Siege du Chât. 24 Fevr. -03 ; se rend aux Alliez 17 Nov. -04 ; le Château se rend en 34 jours au Prince de Hesse-Cassel le 18 Decembre.

Trente, bombardé par le Duc de Vendôme 6 Sept. -03.

Treve entre la France & le Brandebourg en May -73 ; entre la France & l'Espagne, conclue à Ratisbonne 10 Août -84 ; entre la France & l'Empire le 16.

Treves (Allemagne) pris par le Vicomte de Turenne 19 Nov. -45 ; rendu par le Maréchal de Crequi au Prince de Lunebourg, après 24 j. de Siege 6 Sept. -75. Ce Maréchal oblige cette Ville à combler ses Fossez & ruiner ses Fortifications 20 Juin -84. L'Armée de Monseigneur s'en saisit en Nov. -88 ; pris par le Comte de Tallard 25 Oct. -02 ; est abandonné par les François, & le Duc de Marlborough s'en empare 29 Oct. -04 ; pris par l'Armée de France -05.

Trin (Italie) pris par le Prince Thomas 23 Sept. -43 ; sur les Espagnols par le Marquis de Ville 21 Juil. -58.

Tripoli, bombardé par le Maréchal d'Estrées 22 Juin -85, qui les oblige à faire la Paix le 26.

Tubingue (Allemagne) pris en 17 jours par le Maréchal d'Hocquincourt 17 Mars -47.

Tunis, contraint par le Maréchal d'Estrées à demander la Paix 30 Août -85.

Turckeim, Combat où M. de Turenne défait les Troupes de Brandebourg & de Zell 5 Janvier -75.

Turin, Paix entre la France & la Savoie 4 Juillet -96, publiée en Sept. Bataille où le Duc de Savoie défait le Duc d'Orleans 7 Sept. -06. Ce Duc y reçut une blessure au bras, & le Maréchal de Marsin y fut tué.

Avec Approbation, & Privilege du Roy. M. DCC. XXVI.

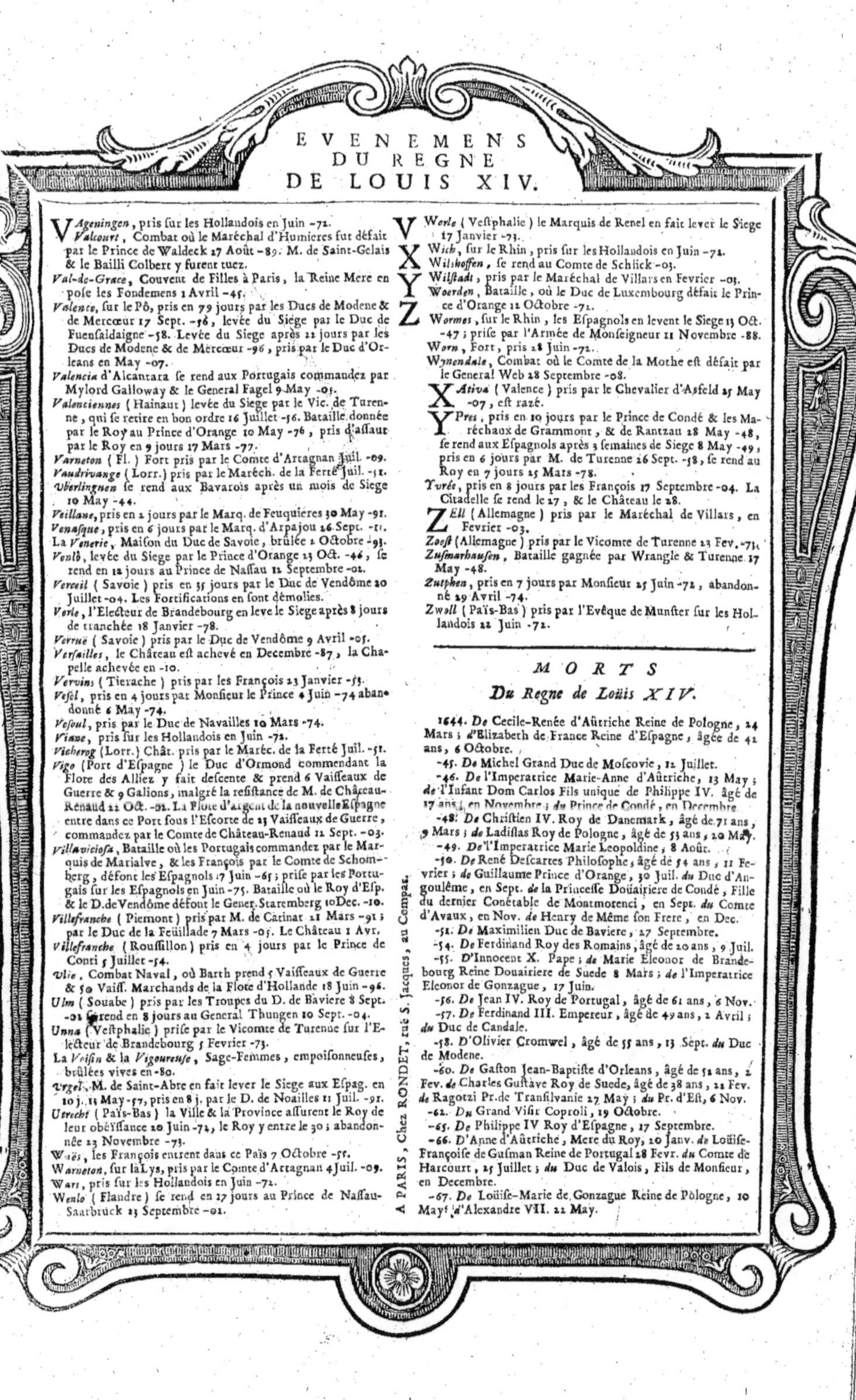

EVENEMENS DU REGNE DE LOUIS XIV.

V Ageningen, pris sur les Hollandois en Juin -72.

V Valcourt, Combat où le Maréchal d'Humieres fut défait par le Prince de Waldeck 27 Août -89. M. de Saint-Gelais & le Bailli Colbert y furent tuez.

Val-de-Grace, Couvent de Filles à Paris, la Reine Mere en pose les Fondemens 1 Avril -45.

Valence, sur le Pô, pris en 79 jours par les Ducs de Modene & de Mercœur 17 Sept. -56, levée du Siege par le Duc de Fuensaldaigne -58. Levée du Siege après 22 jours par les Ducs de Modene & de Mercœur -96, pris par le Duc d'Orleans en May -07.

Valencia d'Alcantara se rend aux Portugais commandez par Mylord Galloway & le General Fagel 9 May -05.

Valenciennes (Hainaut) levée du Siege par le Vic. de Turenne, qui se retire en bon ordre 16 Juillet -56. Bataille donnée par le Roy au Prince d'Orange 10 May -76, pris d'assaut par le Roy en 9 jours 17 Mars -77.

Varneton (Fl.) Fort pris par le Comte d'Artagnan Juil. -09.

Vaudrivange (Lorr.) pris par le Maréch. de la Ferté Juil. -51.

Uberlingnen se rend aux Bavarois après un mois de Siege 10 May -44.

Veillane, pris en 2 jours par le Marq. de Feuquieres 30 May -91.

Venasque, pris en 6 jours par le Marq. d'Arpajou 16 Sept. -11.

La Venerie, Maison du Duc de Savoie, brûlée 1 Octobre -93.

Venlo, levée du Siege par le Prince d'Orange 23 Oct. -46, se rend en 12 jours au Prince de Nassau 11 Septembre -02.

Verceil (Savoie) pris en 35 jours par le Duc de Vendôme 20 Juillet -04. Les Fortifications en sont démolies.

Vorle, l'Electeur de Brandebourg en leve le Siege après 8 jours de tranchée 18 Janvier -78.

Verrue (Savoie) pris par le Duc de Vendôme 9 Avril -05.

Versailles, le Château est achevé en Decembre -87, la Chapelle achevée en -10.

Vervins (Tierache) pris par les François 23 Janvier -53.

Vesol, pris en 4 jours par Monsieur le Prince 4 Juin -74 abandonné 6 May -74.

Vesoul, pris par le Duc de Navailles 10 Mars -74.

Vianne, pris sur les Hollandois en Juin -72.

Vicherog (Lorr.) Chât. pris par le Maréc. de la Ferté Juil. -51.

Vigo (Port d'Espagne) le Duc d'Ormond commendant la Flote des Alliez y fait descente & prend 6 Vaisseaux de Guerre & 9 Galions, malgré la resistance de M. de Château-Renaud 22 Oct. -02. La Flote d'argent de la nouvelle Espagne entre dans ce Port sous l'Escorte de 23 Vaisseaux de Guerre, commandez par le Comte de Château-Renaud 22 Sept. -03.

Villaviciosa, Bataille où les Portugais commandez par le Marquis de Marialve, & les François par le Comte de Schomberg, défont les Espagnols 17 Juin -65; prise par les Portugais sur les Espagnols en Juin -75. Bataille où le Roy d'Esp. & le D. de Vendôme défont le Gener. Staremberg 10 Dec. -10.

Villefranche (Piemont) pris par M. de Catinat 11 Mars -91; par le Duc de la Feüillade 7 Mars -05. Le Château 1 Avr.

Villefranche (Roussillon) pris en 4 jours par le Prince de Conti 5 Juillet -54.

Vlie, Combat Naval, où Barth prend 5 Vaisseaux de Guerre & 50 Vaiss. Marchands de la Flote d'Hollande 18 Juin -96.

Ulm (Souabe) pris par les Troupes du D. de Baviere 8 Sept. -02 se rend en 8 jours au General Thungen 10 Sept. -04.

Unna (Vestphalie) prise par le Vicomte de Turenne sur l'Electeur de Brandebourg 5 Fevrier -73.

La Voisin & la Vigoureuse, Sage-Femmes, empoisonneuses, brûlées vives en -80.

Urgel, M. de Saint-Abre en fait lever le Siege aux Espag. en 10 j. 11 May -57, pris en 8 j. par le D. de Noailles 11 Juil. -91.

Utrecht (Païs-Bas) la Ville & la Province assurent le Roy de leur obéïssance 20 Juin -72, le Roy y entre le 30; abandonnée 23 Novembre -73.

Waës, les François entrent dans ce Païs 7 Octobre -51.

Warneton, sur la Lys, pris par le Comte d'Artagnan 4 Juil. -09.

Wars, pris sur les Hollandois en Juin -72.

Wenlo (Flandre) se rend en 17 jours au Prince de Nassau-Saarbrück 23 Septembre -02.

V Worle (Vestphalie) le Marquis de Renel en fait lever le Siege 17 Janvier -73.

X Wich, sur le Rhin, pris sur les Hollandois en Juin -72.

Wilshoffen, se rend au Comte de Schlick -03.

Y Wilstadt, pris par le Maréchal de Villars en Fevrier -03.

Woerden, Bataille, où le Duc de Luxembourg défait le Prince d'Orange 12 Octobre -72.

Z Wormes, sur le Rhin, les Espagnols en levent le Siege 13 Oct. -47; prise par l'Armée de Monseigneur 11 Novembre -88.

Worn, Fort, pris 28 Juin -72.

Wynendale, Combat où le Comte de la Mothe est défait par le General Web 28 Septembre -08.

X Ativa (Valence) pris par le Chevalier d'Asfeld 25 May -07, est razé.

Y Pres, pris en 10 jours par le Prince de Condé & les Maréchaux de Grammont, & de Rantzau 28 May -48, se rend aux Espagnols après 3 semaines de Siege 8 May -49; pris en 6 jours par M. de Turenne 16 Sept. -58, se rend au Roy en 7 jours 25 Mars -78.

Yvrée, pris en 8 jours par les François 17 Septembre -04. La Citadelle se rend le 27, & le Château le 28.

Z Zell (Allemagne) pris par le Maréchal de Villars, en Fevrier -03.

Zoest (Allemagne) pris par le Vicomte de Turenne 23 Fev. -73.

Zusmarhausen, Bataille gagnée par Wrangle & Turenne 17 May -48.

Zutphen, pris en 7 jours par Monsieur 25 Juin -72, abandonné 29 Avril -74.

Zwoll (Païs-Bas) pris par l'Evêque de Munster sur les Hollandois 22 Juin -72.

MORTS
Du Regne de Loüis XIV.

1644. De Cecile-Renée d'Aütriche Reine de Pologne, 24 Mars; d'Elizabeth de France Reine d'Espagne, âgée de 42 ans, 6 Octobre.

-45. De Michel Grand Duc de Moscovie, 12 Juillet.

-46. De l'Imperatrice Marie-Anne d'Aütriche, 13 May; de l'Infant Dom Carlos Fils unique de Philippe IV. âgé de 17 ans, en Novembre; du Prince de Condé, en Decembre.

-48. De Christien IV. Roy de Danemark, âgé de 71 ans, 9 Mars; de Ladislas Roy de Pologne, âgé de 53 ans, 20 May.

-49. De l'Imperatrice Marie Leopoldine, 8 Août.

-50. De René Descartes Philosophe, âgé de 54 ans, 11 Fevrier; de Guillaume Prince d'Orange, 30 Juil. du Duc d'Angoulême, en Sept. de la Princesse Doüairiere de Condé, Fille du dernier Conétable de Montmorenci, en Sept. du Comte d'Avaux, en Nov. de Henry de Même son Frere, en Dec.

-51. De Maximilien Duc de Baviere, 27 Septembre.

-54. De Ferdinand Roy des Romains, âgé de 20 ans, 9 Juil.

-55. D'Innocent X. Pape; de Marie Eleonor de Brandebourg Reine Douairiere de Suede 8 Mars; de l'Imperatrice Eleonor de Gonzague, 17 Juin.

-56. De Jean IV. Roy de Portugal, âgé de 61 ans, 6 Nov.

-57. De Ferdinand III. Empereur, âgé de 49 ans, 2 Avril; du Duc de Candale.

-58. D'Olivier Cromwel, âgé de 55 ans, 13 Sept. du Duc de Modene.

-60. De Gaston Jean-Baptiste d'Orleans, âgé de 52 ans, 2 Fev. de Charles Gustave Roy de Suede, âgé de 38 ans, 22 Fev. de Ragotzi Pr. de Transilvanie 27 May; du Pr. d'Est, 6 Nov.

-62. Du Grand Visir Coproli, 19 Octobre.

-65. De Philippe IV Roy d'Espagne, 17 Septembre.

-66. D'Anne d'Aütriche, Mere du Roy, 20 Janv. de Loüise-Françoise de Gusman Reine de Portugal 28 Fevr. du Comte de Harcourt, 25 Juillet; du Duc de Valois, Fils de Monsieur, en Decembre.

-67. De Loüise-Marie de Gonzague Reine de Pologne, 10 May; d'Alexandre VII. 22 May.

A PARIS, Chez RONDET, rue S. Jacques, au Compas.

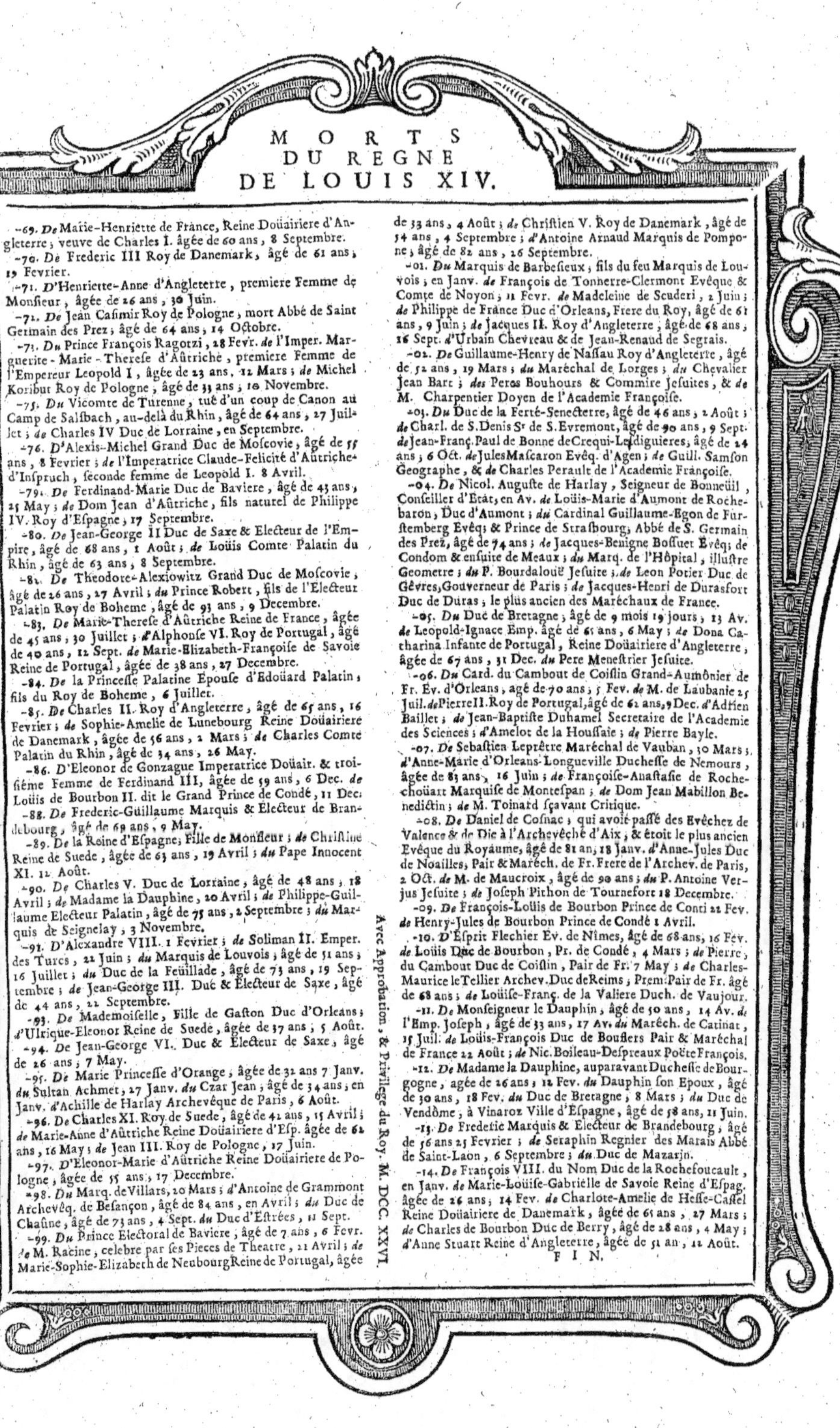

-69. *De* Marie-Henriette de France, Reine Doüairiere d'Angleterre; veuve de Charles I. âgée de 60 ans, 8 Septembre.

-70. *De* Frederic III Roy de Danemark, âgé de 61 ans; 19 Fevrier.

-71. *D'*Henriette-Anne d'Angleterre, premiere Femme de Monsieur, âgée de 26 ans, 30 Juin.

-72. *De* Jean Casimir Roy de Pologne, mort Abbé de Saint Germain des Prez; âgé de 64 ans; 14 Octobre.

-73. *Du* Prince François Ragotzi, 28 Fevr. *de* l'Imper. Marguerite - Marie - Therese d'Aûtriche, premiere Femme de l'Empereur Leopold I, âgée de 23 ans, 12 Mars; *de* Michel Koribut Roy de Pologne, âgé de 33 ans; 10 Novembre.

-75. *Du* Vicomte de Turenne, tué d'un coup de Canon au Camp de Salsbach, au-delà du Rhin, âgé de 64 ans, 27 Juillet; *de* Charles IV Duc de Lorraine, en Septembre.

-76. *D'*Alexis-Michel Grand Duc de Moscovie, âgé de 55 ans, 8 Fevrier; *de* l'Imperatrice Claude-Felicité d'Aûtriche-d'Inspruch, seconde femme de Leopold I. 8 Avril.

-79. *De* Ferdinand-Marie Duc de Baviere, âgé de 43 ans, 25 May; *de* Dom Jean d'Aûtriche, fils naturel de Philippe IV. Roy d'Espagne, 17 Septembre.

-80. *De* Jean-George II Duc de Saxe & Electeur de l'Empire, âgé de 68 ans, 1 Août; *de* Loüis Comte Palatin du Rhin, âgé de 63 ans, 8 Septembre.

-81. *De* Theodore-Alexiowitz Grand Duc de Moscovie, âgé de 26 ans, 17 Avril; *du* Prince Robert, fils de l'Electeur Palatin Roy de Boheme, âgé de 93 ans, 9 Decembre.

-83. *De* Marie-Therese d'Aûtriche Reine de France, âgée de 45 ans; 30 Juillet; *d'*Alphonse VI. Roy de Portugal, âgé de 40 ans, 12 Sept. *de* Marie-Elizabeth-Françoise de Savoie Reine de Portugal, âgée de 38 ans, 27 Decembre.

-84. *De* la Princesse Palatine Epouse d'Edoüard Palatin, fils du Roy de Boheme, 6 Juillet.

-85. *De* Charles II. Roy d'Angleterre, âgé de 65 ans, 16 Fevrier; *de* Sophie-Amelie de Lunebourg Reine Doüairiere de Danemark, âgée de 56 ans, 2 Mars; *de* Charles Comte Palatin du Rhin, âgé de 34 ans, 26 May.

-86. *D'*Eleonor de Gonzague Imperatrice Doüair. & troisiéme Femme de Ferdinand III, âgée de 59 ans, 6 Dec. *de* Loüis de Bourbon II. dit le Grand Prince de Condé, 11 Dec.

-88. *De* Frederic-Guillaume Marquis & Electeur de Brandebourg, âgé de 69 ans, 9 May.

-89. *De* la Reine d'Espagne; Fille de Monsieur; *de* Christine Reine de Suede, âgée de 63 ans, 19 Avril; *du* Pape Innocent XI. 12 Août.

-90. *De* Charles V. Duc de Lorraine, âgé de 48 ans; 18 Avril; *de* Madame la Dauphine, 20 Avril; *de* Philippe-Guillaume Electeur Palatin, âgé de 73 ans, 2 Septembre; *du* Marquis de Seignelay, 3 Novembre.

-91. *D'*Alexandre VIII. 1 Fevrier; *de* Soliman II. Emper. des Turcs, 22 Juin; *du* Marquis de Louvois, âgé de 51 ans; 16 Juillet; *du* Duc de la Feüillade, âgé de 73 ans, 19 Septembre; *de* Jean-George III. Duc & Electeur de Saxe, âgé de 44 ans, 22 Septembre.

-93. *De* Mademoiselle, Fille de Gaston Duc d'Orleans; *d'*Ulrique-Eleonor Reine de Suede, âgée de 37 ans; 5 Août.

-94. *De* Jean-George VI. Duc & Electeur de Saxe, âgé de 26 ans; 7 May.

-95. *De* Marie Princesse d'Orange, âgée de 32 ans 7 Janv. *du* Sultan Achmet, 27 Janv. *du* Czar Jean; âgé de 34 ans; en Janv. *d'*Achille de Harlay Archevêque de Paris, 6 Août.

-96. *De* Charles XI. Roy de Suede, âgé de 42 ans, 15 Avril; *de* Marie-Anne d'Aûtriche Reine Doüairiere d'Esp. âgée de 61 ans, 16 May; *de* Jean III. Roy de Pologne, 17 Juin.

-97. *D'*Eleonor-Marie d'Aûtriche Reine Doüairiere de Pologne, âgée de 55 ans; 17 Decembre.

-98. *Du* Marq. de Villars, 20 Mars; *d'*Antoine de Grammont Archevêq. de Besançon, âgé de 84 ans, en Avril; *du* Duc de Chaune, âgé de 73 ans, 4 Sept. *du* Duc d'Estrées, 11 Sept.

-99. *Du* Prince Electoral de Baviere, âgé de 7 ans, 6 Fevr. *de* M. Racine, celebre par ses Pieces de Theatre, 21 Avril; *de* Marie-Sophie-Elizabeth de Neubourg Reine de Portugal, âgée

de 33 ans, 4 Août; *de* Christien V. Roy de Danemark, âgé de 54 ans, 4 Septembre; *d'*Antoine Arnaud Marquis de Pompone; âgé de 82 ans, 16 Septembre.

-01. *Du* Marquis de Barbesieux, fils du feu Marquis de Louvois; en Janv. *de* François de Tonnerre-Clermont Evêque & Comte de Noyon; 11 Fevr. *de* Madeleine de Scuderi, 2 Juin; *de* Philippe de France Duc d'Orleans, Frere du Roy, âgé de 61 ans, 9 Juin; *de* Jacques II. Roy d'Angleterre, âgé de 68 ans; 16 Sept. *d'*Urbain Chevreau & de Jean-Renaud de Segrais.

-02. *De* Guillaume-Henry de Nassau Roy d'Angleterre, âgé de 52 ans, 19 Mars; *du* Maréchal de Lorges; *du* Chevalier Jean Bart; *des* Peres Bouhours & Commire Jesuites, & *de* M. Charpentier Doyen de l'Academie Françoise.

-03. *Du* Duc de la Ferté-Senecterre, âgé de 46 ans, 2 Août; *de* Charl. de S. Denis Sr de S. Evremont, âgé de 90 ans, 9 Sept. *de* Jean-Franç. Paul de Bonne de Crequi-Lesdiguieres, âgé de 14 ans; 6 Oct. *de* Jules Mascaron Evêq. d'Agen; *de* Guill. Samson Geographe, & *de* Charles Perault de l'Academie Françoise.

-04. *De* Nicol. Auguste de Harlay, Seigneur de Bonneüil, Conseiller d'Etat, en Av. *de* Loüis-Marie d'Aumont de Rochebaron, Duc d'Aumont; *du* Cardinal Guillaume-Egon de Furstemberg Evêq; & Prince de Strasbourg, Abbé de S. Germain des Prez, âgé de 74 ans; *de* Jacques-Benigne Bossuet Evêq; de Condom & ensuite de Meaux; *du* Marq. de l'Hôpital, illustre Geometre; *du* P. Bourdaloüe Jesuite; *de* Leon Potier Duc de Gêvres, Gouverneur de Paris; *de* Jacques-Henri de Durasfort Duc de Duras; le plus ancien des Maréchaux de France.

-05. *Du* Duc de Bretagne; âgé de 9 mois 19 jours; 13 Av. *de* Leopold-Ignace Emp. âgé de 61 ans, 6 May; *de* Dona Catharina Infante de Portugal, Reine Doüairiere d'Angleterre; âgée de 67 ans, 31 Dec. *du* Pere Menestrier Jesuite.

-06. *Du* Card. du Cambout de Coislin Grand-Aumônier de Fr. Ev. d'Orleans, âgé de 70 ans; 5 Fev. *de* M. de Laubanie 25 Juil. *de* Pierre II. Roy de Portugal, âgé de 62 ans, 9 Dec. *d'*Adrien Baillet; *de* Jean-Baptiste Duhamel Secretaire de l'Academie des Sciences; *d'*Amelot de la Houssaie; *de* Pierre Bayle.

-07. *De* Sebastien Lepretre Maréchal de Vauban, 30 Mars; *d'*Anne-Marie d'Orleans-Longueville Duchesse de Nemours, âgée de 83 ans, 16 Juin; *de* Françoise-Anastasie de Rochechoüart Marquise de Montespan; *de* Dom Jean Mabillon Benedictin; *de* M. Toinard sçavant Critique.

-08. *De* Daniel de Cosnac; qui avoit passé des Evêchez de Valence & de Die à l'Archevêché d'Aix; & étoit le plus ancien Evêque du Royaume, âgé de 81 an, 18 Janv. *d'*Anne-Jules Duc de Noailles, Pair & Maréch. de Fr. Frere de l'Archev. de Paris, 2 Oct. *de* M. de Maucroix, âgé de 90 ans; *du* P. Antoine Verjus Jesuite; *de* Joseph Pithon de Tournefort 18 Decembre.

-09. *De* François-Loüis de Bourbon Prince de Conti 22 Fev. *de* Henry-Jules de Bourbon Prince de Condé 1 Avril.

-10. *D'*Esprit Flechier Ev. de Nîmes, âgé de 68 ans, 16 Fév. *de* Loüis Duc de Bourbon, Pr. de Condé, 4 Mars; *de* Pierre, du Cambout Duc de Coislin, Pair de Fr. 7 May; *de* Charles-Maurice le Tellier Archev. Duc de Reims, Prem. Pair de Fr. âgé de 68 ans; *de* Loüise-Franç. de la Valiere Duch. de Vaujour.

-11. *De* Monseigneur le Dauphin, âgé de 50 ans, 14 Av. *de* l'Emp. Joseph, âgé de 33 ans, 17 Av. *du* Maréch. de Catinat, 15 Juil. *de* Loüis-François Duc de Bouflers Pair & Maréchal de France 22 Août; *de* Nic. Boileau-Despreaux Poëte François.

-12. *De* Madame la Dauphine, auparavant Duchesse de Bourgogne, âgée de 26 ans; 12 Fev. *du* Dauphin son Epoux, âgé de 30 ans, 18 Fev. *du* Duc de Bretagne; 8 Mars; *du* Duc de Vendôme, à Vinaroz Ville d'Espagne, âgé de 58 ans, 11 Juin.

-13. *De* Fredric Marquis & Electeur de Brandebourg, âgé de 56 ans 25 Fevrier; *de* Seraphin Regnier des Marais Abbé de Saint-Laon, 6 Septembre; *du* Duc de Mazarin.

-14. *De* François VIII. du Nom Duc de la Rochefoucault, en Janv. *de* Marie-Loüise-Gabrielle de Savoie Reine d'Espag. âgée de 26 ans; 14 Fev. *de* Charlote-Amelie de Hesse-Castel Reine Doüairiere de Danemark, âgée de 61 ans, 27 Mars; *de* Charles de Bourbon Duc de Berry, âgé de 28 ans, 4 May; *d'*Anne Stuart Reine d'Angleterre, âgée de 51 an, 11 Août.

F I N.

Avec Approbation, & Privilege du Roy. M. DCC. XXVI.

ORIGINE
DE LA
MAISON DU ROY STANISLAS,

Avec les Noms des Personnes les plus considerables
de cette Famille.

LA Famille de LESCZINSKI tire son Origine d'Allemagne selon les uns, & selon d'autres de Moravie. Ce qui est certain, est qu'elle a demeuré en Pologne près de 660 ans. L'Histoire nous apprend qu'on peut compter 875 ans depuis l'Origine de ses Armes. L'on voit dans les Historiens de la Pologne, que cette Famille a non seulement produit nombre de Personnes celebres, qui ont été revêtuës des premieres Dignitez, tant Ecclesiastiques que Seculieres; mais encore qu'elle a été alliée avec les JAGELLONS Ducs de Lithuanie, & avec plusieurs autres Grandes Maisons.

850.

Le premier dont il est fait mention, est LARTECH, Chevalier, qui ayant pris un Busle ou Bœuf sauvage, luy attacha un Anneau aux Narines, & le conduisit en cet état au Duc de Boheme, qui pour récompense de cette action hardie, luy donna pour Armes une Tête de Busle avec un Anneau aux Narines. C'est ce Chevalier qui fit bâtir le Château de Persten.

962.

PHILIPPE, Baron de PERSTEN, Conseiller Privé de Boleslas I. Roy de Boheme, fit en 965, la Ceremonie du Mariage de Micislas, Roy de Pologne, avec Dambrowka Fille du Roy de Boheme. Philippe de Persten conduisit cette Princesse à Gnesne, où Micislas fut baptizé. C'est le premier Roy de Pologne qui embrassa le Christianisme, avec tout son Royaume. Philippe de Persten ayant beaucoup contribué à introduire la Religion Chrêtienne en Pologne, la Reine Dambrowka le retint auprès du Roy.

1037.

BOSUTA, Fils de Philippe de Persten, fut Archevêque de Gnesne & Primat de Pologne.

1161.

RUDGER & son Frere VERNER, qui furent successivement Evêques d'Uladislaw, sortent de cette Maison.

1234.

BRONISIUS, Comte & Palatin de Persten, Fondateur d'une Abbaye de l'Ordre de Cisteaux dans la Ville de Goscikow, Diocese de Posnanie.

1470.

RAPHAEL DE PERSTEN, Fils de Raphaël Comte de Goluchow, General de la Grande Pologne, fut creé premier Comte de Lesno, Ville considerable, qui appartient encore au Roy STANISLAS, & dont les Ancêtres ont jetté les fondemens. C'est de cette Ville que la Maison de PERSTEN a pris le nom de LESCZINSKI, comme qui diroit COMTE DE LESNO.

1569.

RAPHAEL LESCZINSKI, Palatin de Brezt.

1606.

ANDVEARD LESCZINSKI, aussi Palatin de Brezt.

1631.

URATISLAS DE PERSTEN, Grand Capitaine attaché aux interêts de l'Empereur, tué dans un Combat entre l'Armée Imperiale & celle de Suede.

1636.

RAPHAEL II. Palatin de Brezt, qui rendit de grands Services au Royaume.

La Famille de LESCZINSKI a porté dans son commencement le nom de WIENNAWA, & depuis celuy de PERSTEN. L'Aigle qui est au premier & quatriéme Quartier de ses Armes, vient d'une Alliance qu'un LESCZINSKI fit entre la Pologne & l'Empereur, qui luy permit de joindre un Aigle à ses Armes.

A PARIS, Chez RONDET, ruë S. Jacques, au Compas.

www.ingramcontent.com/pod-product-compliance
Lightning Source LLC
Chambersburg PA
CBHW051147050726
47594CB00003B/1278